디지털 전환 시대의 AI 디지털 교육

디지털 전환 시대의
AI 디지털 교육

초판 1쇄 인쇄 2025년 2월 5일
초판 1쇄 발행 2025년 2월 10일

지은이 | 홍지연, 홍장우
펴낸이 | 김승기, 김민수
펴낸곳 | ㈜생능출판사 / **주소** | 경기도 파주시 광인사길 143
브랜드 | 생능북스
출판사 등록일 | 2005년 1월 21일 / **신고번호** | 제406-2005-000002호
대표전화 | (031) 955-0761 / **팩스** | (031) 955-0768
홈페이지 | www.booksr.co.kr

책임편집 | 최동진
편집 | 신성민, 이종무
교정·교열 | 최동진
본문·표지 디자인 | 이대범
영업 | 최복락, 심수경, 차종필, 송성환, 최태웅, 김민정
마케팅 | 백수정, 명하나

ISBN 979-11-92932-97-2 (13000)
값 20,000원

2022 개정 교육과정

생성형 AI, AI 코스웨어, AI 디지털 교과서로 만드는

디지털 전환 시대의
AI 디지털 교육

홍지연·홍장우 지음

생능북스

      디지털 대전환(Digital Transformation) 시대를 맞아 교육 환경은 엄청난 변화를 겪고 있습니다. 특히 인공지능(AI)의 발전은 지식의 생산, 연결, 확장, 융합, 재창조되는 방식을 재정의하며 디지털 세상의 게임체인저가 되었습니다. 이러한 격변의 시대에 이 책은 더 나은 미래, 더 나은 내일의 교육에 힘을 실어주기 위해 집필되었습니다. 특히 교육의 최전선에서 학생들과 함께하며 미래를 고민하는 우리 선생님들과 학부모님, 그리고 에듀테크 관련 종사자들에게 AI 디지털 교육의 가능성과 과제를 탐색하기 위한 포괄적인 로드맵을 제공하고자 합니다.

    전통적인 교육 시스템이 가져왔던 문제점 중 하나인 표준화되고 획일화된 교육의 방식은 인공지능을 만나 학생 개개인의 속도와 강점, 개선 영역에 초점을 맞춰 맞춤화된 적응형 학습 경험과 경로를 제공함으로써 이러한 표준을 무너트릴 수 있습니다. 또한 학생 개인의 학습 상황을 분석하고 리소스를 추천하며 즉각적인 피드백을 제공하는 AI 플랫폼은 학습을 보다 역동적으로 만들고 다각적인 방식으로 접근하는 데 도움을 줄 수 있습니다.

    하지만 인공지능을 교육에 통합하는 것은 단순히 최첨단 기술과 도구를 배포하는 것이 아니라 기술이 인간의 노력을 보완하는 환경을 조성하는 것임을 명심해야 합니다. 즉, 인공지능을 비롯한 디지털 기술이 우리 교육에 막대한 변화를 가져올 수는 있으나 인간 교사를 대신할 수 없고, 수업의 주체는 여전히 인간 교사와 학생이라는 점을 기억해야 합니다. 늘 그러했듯이 교육의 질은 교사를 뛰어넘을 수 없습니다. 인공지능이 복제할 수 없는 공감과 멘토링, 비판적 사고를 제공하며 학생들의 성장과 중요한 교육 경험에 핵심적 역할을 하는 이는 바로 **교사**입니다.

이런 점에서 이 책은 교사의 수업 설계에 보다 집중하며 교육 분야에서 인공지능의 다각적인 적용을 체계적으로 탐구하였습니다. 맞춤형 학습 경로부터 창의적인 협업 도구, 혁신적인 평가부터 적응형 학습 플랫폼까지, 각 장에서 교사가 채택할 수 있는 실행 가능한 전략을 자세히 살펴봅니다. 또한 학생들이 이러한 기술을 활용하여 비판적 사고력, 문제 해결 능력, 디지털 리터러시와 인공지능 리터러시까지, 디지털 대전환 시대에 꼭 필요한 역량을 개발할 수 있도록 합니다.

궁극적으로 이 책은 교육에 인공지능을 보다 잘 통합하고 융합하기 위한 가이드일 뿐만 아니라 학생의 역량을 키울 수 있는 교육으로서 AI 디지털 교육을 다루고 있습니다. 교육이 전통적인 경계를 초월하고 AI 디지털 교육을 통해 모든 학생들이 끊임없이 변화하는 세상에 적응하며 성공적인 학습을 해 나갈 수 있는 방법을 제시합니다.

이 책이 디지털 기반 교육혁신을 준비하고 실천하며, 교육 현장에 헌신하고 계신 많은 교사와 예비교사, 자녀의 성장과 진로에 고민하고 계신 학부모님들, 그리고 학교 현장에 우수한 에듀테크 도입을 준비하는 교육 관련 종사자분들께 작은 도움이 되길 바랍니다.

대표저자 홍지연

이 책의 1부는 디지털 대전환 시대의 MZ 선생님과 알파 아이들에 대한 이야기로 시작합니다. 디지털 기술이 변화시킨 세상에 대해 돌아보고, 디지털 네이티브에서 디지털 온리세대로의 변화가 가져오는 교육 현장의 변화에 대해서 고찰합니다. 그리고 이러한 변화된 세상에 필요한 디지털 인재를 키우기 위한 정책으로서 디지털 기반 교육 혁신에 대해 알아봅니다.

2부에서는 **AI 디지털 플랫폼을 활용한 다양한 교과별 수업 혁신**에 대해 알아봅니다.

KhanAcademy로 실현하는 맞춤형 수학 수업, Reading&으로 신나는 디지털 영어 수업, '소프트웨어야 놀자'를 활용한 자기주도적 SW·AI 교육에서부터 Practice Set을 활용한 과정 중심 평가까지 2022 개정 교육과정에서 추구하는 이상과 이를 실현하는 실제 교육의 방법과 평가의 내용까지 자세하게 알아봅니다.

3부에서는 **생성형 AI를 활용한 신기한 디지털 수업**에 대해 알아봅니다.

Invideo로 실천해 보는 인공지능 윤리 수업, Adobe Firefly로 만드는 AAC 한글 카드, Wrtn으로 만드는 재미있는 챗봇, Living Archive로 춤추는 교실, Musical Canvas로 만드는 음악이 흐르는 미술관 등 다양한 생성형 AI를 활용한 교과별 디지털 수업을 통해 AI 디지털 교육을 실제 학교 현장에서 실천할 수 있는 실용적 방법을 제시합니다.

따라서 이 책은 AI 디지털 교육을 설계하고자 하는 교사에게 수업에 대한 재미있는 아이디어를 제공할 수 있습니다. 각 챕터 앞에 제시된 디지털 기반 교육 혁신과 관련된 개념이나 원리, AI 디지털 교육에 대한 이론을 읽고 실제 AI 디지털 플랫폼이나 도구를 활용한 실습을 학생들과 함께 실천합니다. 그대로 따라하기보다 학급의 상황과 학생의 수준에 따라 내용이나 방법은 변형될 수 있으며 각 챕터 제일 마지막에 제시된 간단한 수업 설계안을 참고하여 자신만의 수업으로 재탄생시킬 수 있습니다.

차례

머리말   4

이 책의 구성 & 학습 방법   6

제1부   **MZ 선생님과 알파(α) 아이들**

1   우리는 지금   공통   10

2   MZ 세대를 넘어 알파 세대로   공통   12

3   디지털 기반 교육 혁신을 위한 교육 현장 엿보기   공통   15

제2부   **AI 디지털 플랫폼을 활용한 교과별 수업 혁신**

4   KhanAcademy로 실현하는 맞춤형 수학 수업   수학   20

5   Reading&으로 신나는 디지털 영어 수업   영어   38

6   '소프트웨어야 놀자'를 활용한 자기주도적 SW·AI 교육   정보   52

7   하이터치 하이테크, 자작자작으로 만드는 나만의 디지털 북   국어   68

8   Practice Sets을 활용한 과정 중심 평가   수학·사회   92

9   AI 디지털 교과서를 활용한 느린학습자 지원   수학   106

제3부   **생성형 AI를 활용한 신기한 디지털 수업**

10   Invideo로 재미있는 인공지능 윤리 수업   정보·윤리   128

11   Adobe Firefly로 만드는 AAC 한글 카드   국어   144

12   Musical Canvas로 만드는 음악이 흐르는 미술관   미술·음악   160

13   Tooning으로 쉽게 제작하는 꿈 포스터   창체   182

14   Wrtn으로 만드는 재미있는 챗봇   창체   198

15   Canva AI로 준비하는 프레젠테이션   사회·과학   216

16   Living Archive로 춤추는 교실   체육   234

제**1**부

MZ 선생님과
알파(α) 아이들

1 _____

지금, 우리는

디지털 전환(Digital Transformation)이란 디지털 기술을 사회 전반에 적용하여 전통적인 사회 구조를 혁신시키는 것을 말합니다. 일반적으로 기업에서 사물 인터넷(IoT), 클라우드 컴퓨팅, 인공지능(AI), 빅데이터 등의 정보통신기술(ICT)을 플랫폼으로 구축·활용하여 기존의 전통적인 운영 방식과 서비스 등을 새롭게 혁신하는 것을 뜻합니다. 디지털 전환의 개념을 보다 명확하게 이해하기 위해서는 전산화(Digitization)와 디지털화(Digitalization)를 이해할 필요가 있습니다.

전산화는 문서를 스캔하거나 기록을 디지털 파일로 변환하는 등 아날로그 정보를 디지털 정보로 변환하는 것을 의미합니다. 예를 들어, 은행 명세서를 PDF로 변환하는 것은 전산화의 전형적인 사례입니다.

반면 디지털화는 단순한 전환을 넘어 디지털 기술을 기존 프로세스에 통합하여 효율성을 향상시키는 것을 말합니다. 디지털화의 예로는 소프트웨어 시스템을 사용하여 재고 관리를 자동화하고 인적 오류를 줄이고 속도를 높이는 것입니다. 이러한 전산화와 디지털화와는 달리 **디지털 전환**은 훨씬 더 광범위한 전체적인 변화를 의미합니다. 디지털 기술을 활용하여 새로운 가치를 창출함으로써 전체 비즈니스 모델, 조직 구조 및 고객 상호 작용을 다시 생각하는 것 등을 포함합니다. Netflix가 DVD 대여에서 글로벌 스트리밍 플랫폼으로 전환한 것은 디지털 혁신의 대표적인 예로 볼 수 있습니다.

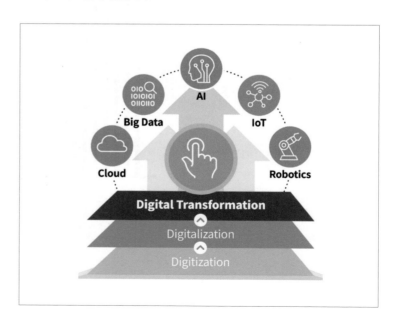

[그림1] 한국정보통신기술협회, 정보통신용어사전
(https://terms.tta.or.kr/dictionary/dictionaryView.do?word_seq=137416-5)

이러한 디지털 전환 사회는 어떤 **특징**을 가질까요? 디지털 전환 사회는 데이터에 기반한 의사결정을 하고, 자동화가 일상화되며, 상호 연결된 생태계에 의존한다는 특징이 있습니다. 디지털 전환 사회에서 데이터는 새로운 화폐이며, 데이터로부터 어떤 의미를 수집, 분석, 실행하는 능력, 즉 통찰력이 성공의 핵심 동인이 됩니다. AI를 기반으로 하는 자동화는 반복적인 작업에서 사람의 개입 필요성을 줄여 효율성과 정확성을 향상시킵니다. 또한 스마트 시티에서 지능형 공장에 이르기까지 상호 연결된 시스템은 IoT를 활용하여 운영을 최적화하고 원활한 사용자 경험을 창출합니다. 이러한 기술이 다양한 산업에 채택되고 통합되는 속도는 전례가 없을 정도로 빠르게 진행되고 있으며 물리적 세계와 디지털 세계 사이의 경계를 모호하게 만듭니다.

그렇다면 이런 시대를 살아갈 인재가 갖춰야 할 **핵심 역량**은 무엇일까요? 2022 개정 교육과정에서는 우리 교육이 지향해야 할 가치와 교과교육 방향 및 성격에 대한 개념적 틀에 기초하여 '**자기관리 역량**', '**지식정보처리 역량**', '**창의적 사고 역량**', '**심미적 감성 역량**', '**협력적 소통 역량**', '**공동체 역량**'을 핵심 역량으로 삼고 있습니다. 미국 국제 교육 협회(American Councils for International Education)에서는 비판적 사고, 창의성, 협력, 의사소통 능력을 키워야 한다고 보았으며, MS(마이크로소프트사)를 비롯한 여러 기업에서도 창의성과 혁신, 비판적 사고, 문제 해결, 의사결정, 정보문해력, 협업 등이 필요함을 강조하고 있습니다. 이처럼 세계적인 기업들과 저명한 단체에서 요구하는 미래 인재의 자질을 보면 사물을 새로운 관점에서 바라보는 능력인 창의성과 상황을 여러 각도에서 볼 줄 아는 융합적 사고 능력, 문제 인식 후 해결하는 문제 해결 능력 등이 공통으로 포함되어 있음을 알 수 있습니다. 이러한 능력들은 사실 미래뿐만 아니라 현재를 살아가는 사람들에게도 필요한 것이며, 이런 능력을 갖춘 사람이 우리 사회의 중요한 곳에서 활발하게 활동하고 있습니다.

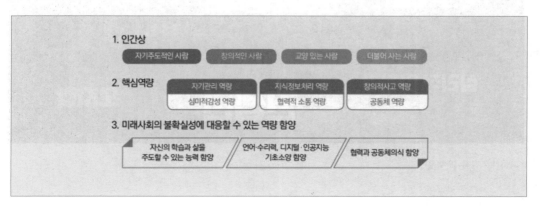

[그림2] 교육부(2022), 2022 개정 교육과정 속 인간상과 핵심 역량

2

MZ 세대를 넘어
알파 세대로

디지털 전환 시대를 살아가는 MZ, 알파 세대의 아이들은 어떤 특징이 있는지 알아볼까요? MZ는 1980년에서 1994년 사이에 태어난 밀레니엄 세대와 1995년에서 2009년 사이에 태어난 Z세대를 합친 표현으로서 흔히 '디지털 네이티브(Digital Native)'라 불리는 세대입니다. 디지털 기술을 당연하게 접하며 자란 첫 세대로서 모바일을 통해 짧은 콘텐츠를 집중적으로 즐기기를 좋아하고 유행 아이템을 짧게 소비하며 바로 다음 유행 아이템으로 넘어가곤 합니다. 알파 세대의 아이들은 2010년 이후에 태어난 아이들로서 디지털 온리(Digital Only) 세대로 불립니다. 완전한 디지털 환경 속에서 태어나고 성장한 세대로 메타버스와 AI에 친숙하며 이미지와 영상을 선호하고, 콘텐츠 제작과 소비의 주체로서 밀레니엄 세대인 부모의 과시적 소비 성향에 영향을 받아 큰 구매 잠재력을 보유하고 있습니다. 이런 MZ 세대에서 알파 세대까지 디지털 세대가 보여 주는 대표적인 특징을 나타내는 단어는 다음과 같습니다.

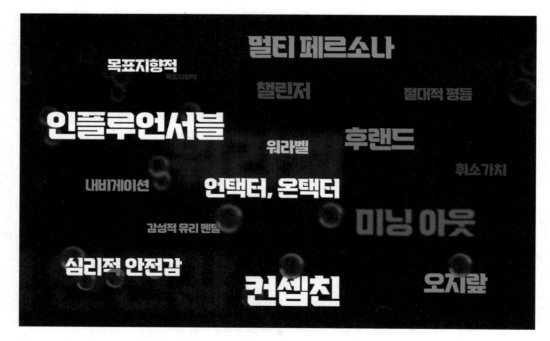

[그림3] 디지털 세대의 특징

- **첫째**, MZ, 알파 세대의 아이들에게 학교는 학습하는 곳, 회사는 일하는 곳으로, 그곳에서 이루어지는 조직 활동이나 인간관계에는 관심이 상대적으로 적은 '**목표지향적**'인 특징을 보여 줍니다.

- **둘째**, 소소한 도전으로 일상을 가꾸는 것을 좋아해 '챌린지' 등에 적극 참여하는 **챌린저**로서의 성향을 가지고 있습니다.

- **셋째**, 직장, SNS 속 등 상황에 따라 여러 가지 정체성을 가지며 수시로 바꿔서 자신을 드러내는 '**멀티 페르소나**'의 특징도 보여 줍니다.

- **넷째**, SNS의 영향력을 동경하고 이러한 영향력을 가지고 싶어 하는 '**인플루언서블**'한 모습을 가지고 있습니다.

- **다섯째**, SNS를 통해 친구를 쉽게 만나고 헤어지는 얕은 친구 관계를 뜻하는 '**후랜드 (Who+Friend)**'적인 면모도 보여 줍니다.

- **여섯째**, '**감성적 유리 멘탈**'로 도덕적인 감성이 강해 정치, 사회적 이슈에 대해 기존 세대와는 다른 방식으로 적극적으로 참여하기도 합니다.

- **일곱째**, '**내비게이션**' 세대로서 맞춤형 사교육에 익숙하고, 디지털 환경에 익숙한 성장과정을 배경으로 구체적이고 명확한 지침과 설명을 필요로 하며 모호함에 대해서는 거부하는 모습을 보입니다.

- **여덟째**, 문자, 채팅, 비대면 소통 채널을 선호하는 '**언택터**'이자 '**온택터**'로서의 성향이 강합니다.

- **아홉째**, 온, 오프라인에서는 누구나 평등하다는 '**절대적 평등**'에 대한 가치를 가지고 있습니다.

- **열 번째**, '**휘소가치(揮少價値)**'로 스스로의 가치에 따라 합리적인 소비를 하되 때로는 필요하다고 여겨지는 것에 대해 과감한 투자도 두려워하지 않습니다.

- **열한 번째**, '**컨셉친**'으로서 취향에 맞는 콘셉트를 찾고, 이러한 세계관 속에서 콘텐츠로 소통하는 것을 즐겨합니다.

- **열두 번째**, '**심리적 안전감**'으로 실수나 실패를 하더라도 비난받지 않을 것이라는 믿음, 불안해하지 않고 일에만 집중하여 성과와 결과를 낼 수 있는 조직 문화를 선호합니다.

- **열세 번째**, '**오지랖**'으로 사회적 이슈에 적극적으로 참여하고, 불공정에 대한 집단적이며 조직적으로 대응하려는 경향이 있고, 선한 오지랖을 통해 공정, 투명 등의 가치를 내세웁니다.

- **열네 번째**, '**워라벨**'로 조직과 미래보다는 현재의 만족에 집중하고자 하는 경향이 있습니다.

마지막으로 친환경 지구적 소비를 뜻하는 '**미닝아웃**'으로 지구와 같이 살아야 한다는 문제의식과 책임의식을 가지고 자신의 정치나 사회적 신념, 가치관에 맞는 소비를 함으로써 자신을 드러내려는 경향을 가지고 있습니다.

[그림4] 메타버스 공간의 스페이셜에서 학생 작품 전시회를 하고 있는 모습
(생성형 AI로 업스케일을 진행함)

이러한 디지털 세대의 성향은 학교의 문화를 바꿀 뿐 아니라 교육의 방법에도 변화를 일으키고 있습니다. MZ 세대의 교사는 기술, 소셜 미디어, 온라인 플랫폼 등에 매우 익숙합니다. 이들은 목표지향적이고 도전을 즐기며 일과 삶의 균형, 합리적인 소비를 중시합니다. 또한 권위로서 학생들을 통제하기보다 때로는 친구처럼, 때로는 협력자로서 학생들을 코칭하고, 멘토링하며 공동 창작, 공유 리더십을 발휘하기도 합니다. 즉, 과거에는 교사의 일방적 지시에 따라 학생들이 교사의 교수 자료 제작 활동에 수동적인 존재로서 참여하였다면 지금은 학생도 주체적인 존재로서 교사와 협력하며 교수 자료 제작 활동을 돕는 역할을 수행합니다. 실제로 많은 MZ 선생님이 학생과 함께 영상을 촬영해 유튜브 쇼츠나 인스타 릴스에 게시해 세상에 자신들의 존재를 알리고 있습니다.

3

디지털 기반 교육 혁신을 위한 교육 현장

지금까지 시대의 변화에 따라 사회에서 요구하는 미래 인재가 갖춰야 할 핵심 역량은 무엇인지, MZ 세대의 교사와 알파 세대의 학생이 어떻게 하면 학교 현장에서 즐거운 배움을 실천해 갈 수 있을지 살펴보았습니다. 이러한 시대적 변화에 대비해 정부는 디지털 기반 교육 혁신을 준비하고 있고 다양한 정책을 펼치고 있습니다.

첫째, AI 기술 및 데이터 과학을 활용한 AI 디지털 교과서를 개발합니다. AI 디지털 교과서란 학생 개인의 능력과 수준에 맞는 다양한 맞춤형 학습 기회를 지원하고 인공지능을 포함한 지능정보기술을 활용해 다양한 교수·학습 자료 및 학습 지원 기능을 탑재한 소프트웨어입니다. AI 디지털 교과서는 AI에 의한 학습 진단과 분석을 통해 개인별 학습 수준과 속도를 반영한 맞춤형 학습을 가능하게 합니다. 2025년에 초등학교 3, 4학년, 중학교 1학년, 고등학교 1학년의 영어, 수학, 정보 교과에 우선 적용되며 2027년부터 사회, 과학 과목으로 확대될 예정입니다.

둘째, 역량을 갖춘 교원 양성을 위한 집중 연수가 시작됩니다. 학생들이 디지털 시대에 필요한 핵심 역량을 갖추기 위해서는 교사들이 자유롭게 수업 혁신을 시도하고 교사 간 상호 협력을 통해 수업 혁신 문화를 조성하며 교사를 지원하는 디지털 기술과 환경, 유연한 제도를 마련해야 합니다. 이 모든 과정에서 교사의 주도성과 전문성이 성공의 핵심이기 때문에 교사가 교실의 혁명을 스스로 이끌어 갈 수 있도록 교사를 대상으로 한 역량 강화 연수가 다양한 형태로 실시됩니다.

셋째, 디지털 기술을 활용한 교수·학습 방법을 개발합니다. 디지털 기반의 교육 혁신은 결국 수업을 통해 이루어지는 것이기에 학교급, 활용 방식, 적용 과정 및 교과목 등을 고려한 다양한 교수·학습 모델의 개발과 적용이 필요합니다. 예를 들어,

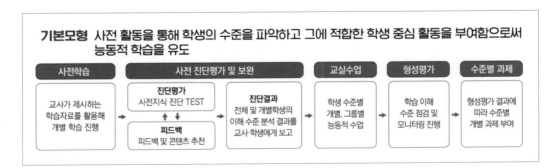

[그림5] 교육부(2023). 디지털 기술을 활용한 수업 모델 중 기본 모형

디지털 기술 활용 교수·학습 모델의 '기본 모형'은 사전 활동을 통해 학생의 수준을 파악하고 그에 적합한 학생 중심 활동을 부여함으로써 학생의 능동적 학습을 유도하는 교수·학습 모델입니다. 사전 진단평가 결과에 따라 학생을 수준별로 나누고 수준에 맞는 학습 활동을 부여함으로써 학습의 효율성을 높이고 개별화 학습을 실현하는 모델이라 볼 수 있습니다.

집중 케어 모형의 경우 학습 부진 학생, 취약계층 학생 등의 학습 수준 진단 후 온라인 보충 학습, 튜터링 등을 제공해 학습에 대한 이해도를 제고하는 교수·학습 모델입니다. 학습이 느린 학생들에게 특화된 모델로서 온라인 보충 학습과 튜터링이라는 개별적 학습 지원을 통해 학습 부진 문제를 해결하고, 모든 학생이 성취기준을 달성할 수 있도록 돕습니다.

넷째, 시범교육청을 중심으로 디지털 선도학교를 운영합니다. AI 코스웨어를 활용한 교수·학습 방법, 디지털 콘텐츠 활용, 교사의 역할 변화 등에 대한 성공적인 모델을 창출하고 확산하기 위한 정책으로서 정규 교과뿐 아니라 늘봄 학교·방과후학교 등에서도 적극 활용해 디지털 기반 교실 혁신의 일반화를 돕습니다. 이러한 디지털 선도학교의 운영은 디지털 기반 교육 혁신 정책을 추진하는 데 있어 겪게 될 어려움을 선제적으로 검토하여 전체 학교로 확산하는 데 도움을 줍니다.

다섯째, 디지털 인프라를 확충합니다. 인프라 개선은 크게 4가지 관점에서 이루어지는데 디바이스 측면에서는 사용자 중심의 디지털 기기 보급과 관리의 개선을 목표로 합니다. 지금까지 양적인 보급에 많이 치중하였다면 앞으로는 질적인 유지 관리를 강화하고 디바이스 보급 방식을 다면화함으로써 현장의 요구를 반영할 수 있도록 합니다.

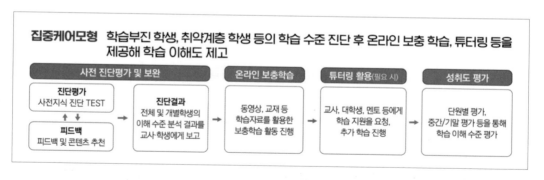

[그림6] 교육부(2023). 디지털 기술을 활용한 수업 모델 중 집중 케어 모형

네트워크 측면에서는 기존에 고질적인 문제로 지적되었던 속도 저하 및 접속 장애 문제를 해결하기 위해 학교 유·무선 네트워크 통합관제시스템의 기능을 확대하는 한편 인공지능 학습 데이터 보안을 실시간으로 관리하는 '학습 데이터 허브 통합관제시스템'과 연계하여 안정적인 접속 환경 유지를 위한 신속 대응 체제를 조성합니다. 이를 통해 디지털 교육이 환경적 문제로 중단됨이 없도록 하는 것을 최우선 과제로 삼습니다.

전담인력 측면에서는 지금까지 정보 교사가 학내 디바이스 및 네트워크 유지관리를 전담함으로써 발생하는 여러 가지 문제를 줄이고자 전담인력을 배치해 지원합니다. 특히 디지털 튜터 1,200명을 양성, 배치하여 AI 디지털 교과서 수업을 보조하고 디지털 기기를 관리하도록 함으로써 교원과 학생이 기기 관리 부담에서 벗어나 교수·학습 활동에 전념할 수 있도록 지원합니다. 또한 관내 학교의 디지털 기기와 네트워크 품질을 사전 점검하고 장애 발생 시 즉각적으로 대응할 수 있도록 기술지원기관인 테크센터를 전국 시도교육청에 설치하고, 테크 매니저를 배치시켜 관내 학교의 인프라 장애를 전주기적으로 관리하도록 합니다.

지원체계 측면에서는 기존의 시도 인프라 업무 분산에 따라 지원이 분절적으로 이루어지고 협업이 어려웠던 구조를 개선해 시도 인프라 전담 지원 조직을 통해 통합 지원 및 협업의 강화를 도모합니다. 이는 결국 디지털 기반 교육 혁신이 교사의 역량뿐 아니라 교사가 수업을 하고자 했을 때 이를 뒷받침해 주는 디지털 학습 환경 또한 매우 중요함을 의미합니다. 제아무리 뛰어난 교수 역량을 갖춘 교사라 할지라도 환경이 뒷받침되지 않아 수업을 이어나갈 수 없다면 아무 소용이 없기 때문입니다.

이상으로 모든 학생을 인재로 키우기 위한 맞춤 교육의 필요, AI를 비롯한 첨단 기술을 활용한 교육력 제고를 위해 학교 현장에 도입되는 다양한 디지털 기반 교육 혁신 정책에 대해 알아보았습니다. 이러한 국가적인 노력을 통해 학생은 자신의 역량과 속도에 맞는 맞춤형 학습을 실현하고, 교사는 데이터에 기반한 지도, 학생 개별적 특성을 파악한 맞춤형 수업을 통해 학생의 성장, 교실의 교육혁명을 이끌어 갑니다.

기술의 발전은 기존의 학생과 교사 간 '대화'를 통해서만 이루어졌던 교육 현장을 이제는 학생과 교사 간 '대화', 학생과 기계 간 '대화'가 공존하는 교육 현장으로 바꾸고 있습니다. 교사로서 학교 현장의 이러한 변화에 어떻게 대처해 갈 것인지, 수업의 주체로서 인간 교사는 어떤 역할로서 학생에게 다가가야 할 것인지, 기계 교사를 내 수업에 어떻게 활용할 것인지 이제는 고민해야 할 때입니다.

[그림7] 교육부(2024), 초중등 디지털 인프라 개선 계획

제2부

AI 디지털 플랫폼을 활용한
교과별 수업 혁신

02

Chapter 4

KhanAcademy로
실현하는 맞춤형
수학 수업

깊이 있는 학습과
수학 교육

2022 개정 교육과정에서는 문제 해결 과정에서 자신이 가지고 있는 자원을 동원하고 사용할 수 있는 능력인 '역량 함양' 교육을 강조합니다. 그런데 이러한 역량은 단편적인 사실이 아닌 핵심 개념을 이해하고 전이하는 전 과정을 통해 길러질 수 있습니다. 깊이 있는 학습이란 단편적인 개별 지식의 습득을 넘어 **학생의 주도적인 탐구와 사고를 통해 개념 간의 관계를 이해하고 전이하면서 지식의 폭을 확장하는 학습**을 의미하므로 깊이 있는 학습은 역량 함양의 필수요건으로 볼 수 있습니다. 그렇다면 이런 역량 함양을 위한 깊이 있는 학습은 어떻게 이루어질 수 있을까요?

깊이 있는 학습을 통해 역량을 함양하기 위해서는 첫째, 교과 내, 교과 간 내용이 긴밀하게 연계되고 통합되어야 합니다. 둘째, 교수·학습 설계 시 학습자의 삶과 연계된 학습이 이루어질 수 있도록 해야 합니다. 셋째, 학습자가 자신의 학습과 평가에 대해 성찰할 수 있어야 합니다. 2022 개정 교육과정에서는 '핵심 아이디어'로 여러 교과에 존재하는 핵심 개념과 원리를 제시하고 있으므로 이를 통해 깊이 있는 학습이 가능하도록 수업을 설계해야 하며, 평가 역시 실생활 맥락 속에서 적용하는 기회를 제공하는 평가, 교과 내 영역 간, 교과 간 내용이 연계된 평가, 학습 과정과 전략을 점검하며 개선할 수 있는 평가가 되도록 해야 합니다.

2022 개정 수학과 교육과정 역시 이러한 점을 반영하여 다음과 같은 특징을 가지고 있습니다. 첫째, 핵심 아이디어 중심의 깊이 있는 학습을 추구합니다. 둘째, 실생활 자료 중심의 통계 교육 내용을 재구조화합니다. 셋째, 지역·학교 교육과정 자율성 확대 및 책임 교육을 구현합니다. 넷째, 고교학점제 시행을 위한 과목 구조 및 내용 재구조화를 진행합니다. 다섯째, 디지털 AI 교육 환경에 맞는 교수·학습 및 평가 체제를 구축합니다. 따라서 본 챕터에서는 수학 교과에서 디지털 기반 깊이 있는 학습과 평가를 위한 방법을 살펴보도록 합니다.

역량 구현

역량은 지식과 기능뿐 아니라 동기나 태도와 같은 정의적 특성이 서로 유기적으로 연결되어 과제를 수행하고 문제를 해결할 때 통합적으로 작동

출처: 교육부(2021), 2022 개정 교육과정 총론 주요사항(시안)

적응형 학습 시스템과
개별화 교육

적응형 학습 시스템은 데이터, 알고리즘, 인공지능을 사용하여 각 학생에게 학습 경험을 맞춤화하는 교육 기술입니다. 학생의 진행 상황, 학습 스타일, 강점 및 약점을 지속적으로 평가한 다음 해당 데이터를 기반으로 수업의 난이도, 진도 및 내용을 조정합니다. 적응형 학습 시스템의 주요 목표는 각 학생의 요구 사항에 가장 적합한 맞춤형 학습 경로를 만들어 학생들이 학습할 때 적절한 수준의 도전과 지원을 받을 수 있도록 하는 것입니다.

개별화 교육은 좀 더 폭넓은 접근 방식을 취합니다. 적응형 학습이 주로 내용과 속도에 중점을 두는 반면, 개별화 교육은 맞춤형 수업 계획, 수정된 교수 방법, 개인화된 목표를 포함한 광범위한 교육 전략을 포함합니다. 이러한 접근 방식에는 교사가 학생과 긴밀히 협력하여 학생의 고유한 요구 사항과 선호도를 평가하고 학생의 개인적인 강점, 과제 및 관심 사항을 반영하는 학습 계획을 세우는 작업까지도 포함합니다.

적응형 학습 플랫폼 중 가장 널리 알려진 사례인 Khan Academy는 수학을 중심으로 다양한 주제에 걸쳐 교육 리소스를 제공하는 무료 온라인 플랫폼입니다. Khan Academy는 적응형 알고리즘을 사용하여 각 학생의 학습을 맞춤화합니다. 학생들이 연습과 퀴즈를 풀 때 시스템은 진행 상황을 추적하여 학생들이 잘 이해하고 있는 개념과 더 많은 연습이 필요한 부분을 식별합니다. 이 정보를 바탕으로 플랫폼은 문제의 난이도를 조정하고 추가 연구를 위한 목표 권장 사항을 제공합니다.

출처: 칸 아카데미(https://ko.khanacademy.org/)

예를 들어, 수학 문제를 푸는 학생은 기본적인 대수학 연습을 통해 실력을 향상시킬 수 있습니다. 만약 학생이 인수 분해에 어려움을 겪고 있음을 감지하면, 해당 주제에 대한 추가 연습 문제와 비디오 튜토리얼을 제공하여 학생이 숙달할 수 있도록 돕습니다. 반면, 학생이 특정 영역에서 능숙함을 입증하면, 한 단계 높은 수준의 주제를 추천하여 학습을 심화할 수 있도록 지원합니다. 또한 Khan Academy는 학생들이 자신의 속도에 맞춰 학습할 수 있도록 개별화된 교육을 지원합니다. 엄격한 커리큘럼을 따르는 대신 학생들이 스스로 집중하고 싶은 주제를 선택하거나, 이전 수업을 다시 검토하여 복습하거나, 더 어려운 자료로 이동할 수 있도록 합니다. 교사와 학부모는 플랫폼의 데이터 분석을 사용하여 진행 상황을 모니터링하고 필요한 경우 추가 지원을 제공할 수 있으므로 맞춤형 교육을 위한 강력한 도구로 볼 수 있습니다.

따라서 Khan Academy와 같은 적응형 학습 시스템은 다음과 같은 이점을 제공합니다. 첫째, 학생들이 적절한 수준에서 도전을 받고 필요한 경우 추가 지원을 받을 수 있도록 맞춤형 학습 경험을 제공합니다. 이러한 개인화는 학생들이 지루함이나 압도감을 느끼는 것을 방지하여 보다 매력적인 학습 환경을 조성하는 데 도움이 됩니다.

둘째, 적응형 시스템은 실시간 피드백을 제공하므로 학생들은 자신의 실수를 즉시 이해하고 개선할 수 있습니다. 이러한 즉각적인 피드백은 학생들이 이해의 격차를 신속하게 식별하고 해결할 수 있도록 함으로써 학생의 학업 성취에 큰 도움이 됩니다.

또 다른 주요 이점은 이러한 시스템이 제공하는 유연성입니다. 학생들은 자신의 속도에 맞춰 공부할 수 있으며, 이는 학생들의 능력 수준이 다양할 수 있는 다양한 교실에서 특히 유용합니다. 특히 교사는 데이터 기반 보고서를 통해 학생의 학습 현황에 대한 객관적인 정보를 얻을 수 있으며 이는 학생들에 대한 소중한 통찰력을 제공합니다.

그러나 적응형 학습 시스템을 활용할 때 주의해야 할 점도 있습니다. 첫째는 기술에 대한 과도한 의존입니다. 적응형 시스템은 학습 개인화를 위한 훌륭한 도구이지만 전통적인 교육 방법이나 인간 상호 작용을 대체할 수는 없습니다. 교사는 정서적 지원을 제공하고 창의성을 키우며 기술만으로는 충족할 수 없는 비학문적 요구 사항을 해결하는 데 여전히 중요한 역할을 하고 있습니다.

또한 적응형 시스템은 데이터에 의존하므로 개인정보 보호 문제가 발생합니다. 학교와 교사는 학생 데이터를 보호하고 책임감 있게 사용하도록 해야 합니다. 기술은 편리하지만 완벽하지 않을 수 있음을 반드시 기억해야 합니다. 적응형 시스템이 학생의 요구 사항이나 진행 상황을 정확하게 식별하지 못함으로써 잘못된 콘텐츠를 추천하거나 학습에 배제시키는 등의 문제가 발견될 수 있으므로 반드시 지속적으로 모니터링하고 때에 따라 적절한 교사의 개입이 필요합니다.

마지막으로 적응형 학습 시스템은 학생의 사회적, 정서적 측면을 완전히 다루지 못할 수 있습니다. 협업 프로젝트, 토론 및 동료 간 상호 작용은 알고리즘으로 쉽게 대체할 수 없는 교육의 중요한 구성 요소입니다. 기술과 전통적인 사회적 학습 경험의 균형을 맞추는 것이 매우 중요한 부분임을 명심해야 합니다.

AI 튜터와 함께하는
수학 공부

AI 튜터는 인공지능으로 구동되는 교육 도구로, 대화형 및 개인화된 경험을 통해 학생들의 학습을 지원하도록 설계되었습니다. 자연어 처리 및 기계학습 알고리즘을 사용하여 학생의 질문을 이해하고 실시간 피드백을 제공하며 문제 해결 프로세스를 안내합니다. 즉, OpenAI의 GPT-4와 같은 고급 언어 모델을 기반으로 구축되어 인간과 같은 대화에 참여하고 개별 학습 스타일과 속도에 적응하여 학습할 수 있도록 돕습니다.

수학 교육에서 칸 아카데미의 Khanmigo와 같은 AI 튜터는 문제 해결에 대한 솔루션을 제공할 뿐만 아니라 학생들에게 자신의 추론을 설명하고 문제를 점진적으로 해결하도록 요청함으로써 비판적 사고를 키웁니다. 학생들이 독립적으로 공부하는 것을 기본 원칙으로 하되 어려움에 직면했을 때 도움을 줌으로써 보다 참여적이고 지원적인 학습 환경을 조성해 주는 것입니다. 특히 Khanmigo는 소크라테스식 방식을 따르며 생각을 자극하는 질문을 통해 학습자가 스스로 정답을 찾을 수 있도록 안내합니다.

수학 교과에 이러한 AI 튜터를 활용하면 여러 가지 이점이 있습니다. 가장 큰 장점 중 하나는 맞춤형 학습입니다. AI 튜터는 학생의 현재 이해 수준에 맞게 수업을 맞춤화하여 학생이 어려움을 겪고 있는 영역에 더 많은 지원을 제공하는 동시에 잘 이해하고 있는 주제에 대해 더 빠르게 진행하도록 돕습니다. 이러한 개인화는 학습 격차를 줄이고 어려운 문제를 해결하도록 하여 자신감을 키우는 데 도움이 됩니다. 또 다른 이점은 AI 튜터가 연중무휴 24시간 대기하므로 학생들이 자신의 속도와 일정에 맞춰 학습할 수 있다는 점입니다. 또한 AI 튜터는 학생들이 자신의 추론을 설명하고 비판적으로 사고할 수 있도록 유도함으로써 적극적인 학습을 촉진하여 수학적 개념에 대한 더 깊은 이해를 촉진합니다. 따라서 교사와 학생은 이러한 AI 튜터의 장점을 잘 생각해 활용함으로써 수업과 학습에 도움이 되도록 해야겠습니다.

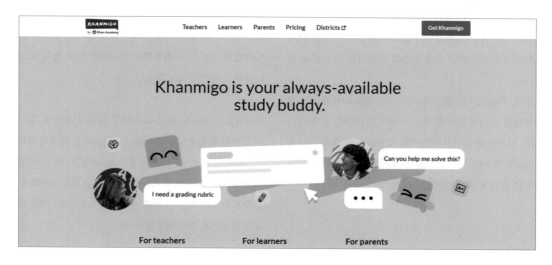

출처: 칸미고 (https://www.khanmigo.ai/)

수업을 준비해요

적응형 학습 시스템을 통해 학생들이 자신의 속도에 맞춰 공부할 수 있으며, 자신의 강점과 약점에 따라 연습 문제와 동영상을 추천받을 수 있는 Khan Academy를 활용한 수학 수업에 대해 살펴보도록 합니다.

01 ▶ 칸 아카데미(https://ko.khanacademy.org/)에 접속한 뒤 로그인을 해야 합니다. 우측 상단에 있는 [회원가입] 버튼을 클릭합니다.

02 ▶ 학습자, 선생님, 학부모 중 자신의 회원 유형을 선택하고 생년월일을 입력하여 회원가입을 진행합니다.

03 ▸ 선생님의 경우 [클래스 만들기] 버튼을 클릭합니다.

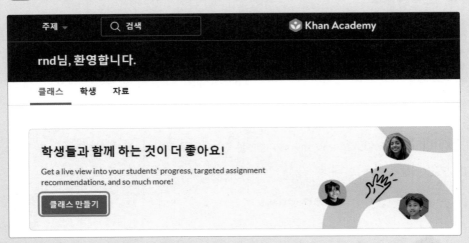

04 ▸ 학교를 대표하는 선생님인지 아닌지를 선택하고 [저장] 버튼을 클릭합니다.

05▶ 클래스의 이름을 입력하거나 이미 만들어진 구글 클래스룸이 있다면 **'구글 클래스룸에서 클래스 불러오기'**를 선택합니다. 예시에서는 클래스의 이름을 "홍쌤의 깊이 있는 수학 클래스"로 입력하였습니다.

06▶ 수학을 검색하면 '한국 학년별 수학', '수학', '미국 학년별 수학'이 보입니다. 원하는 학년이나 과목을 선택합니다. 수학 외에도 컴퓨터, SAT 등의 코스웨어를 선택할 수 있습니다. 예시에서는 **'초등 3학년 1학기'**를 선택하였습니다.

학생들이 어떤 코스를 연습하길 원하세요?

코스를 추가하면 학생들은 대시 보드에서 강좌를 확인하고 즉시 학습을 시작할 수 있습니다. 또한 특정 코스 자료를 할당하고, 마스터리 목표를 설정하고, 학생의 진도를 추적할 수도 있습니다.

🔍 수학　　　　　　　　　　　　　　　　　　　　✕

한국 학년별 수학	수학	미국 학년별 수학
☐ 초등 1학년 1학기	☐ 기초 수학	☐ 미국 유치원
☐ 초등 1학년 2학기	☐ 연산	☐ 미국 1학년
☐ 초등 2학년 1학기	☐ 기초 대수학 (Pre-algebra)	☐ 미국 2학년
☐ 초등 2학년 2학기	☐ 대수학 입문 (Algebra basics)	☐ 미국 3학년
☑ 초등 3학년 1학기		☐ 미국 4학년
☐ 초등 3학년 2학기	☐ 대수학 1	☐ 미국 5학년
☐ 초등 4학년 1학기	☐ 대수학 2	☐ 미국 6학년
☐ 초등 4학년 2학기	☐ 삼각법	☐ 미국 7학년
☐ 초등 5학년 1학기	☐ 기초 미적분학	☐ 미국 8학년
☐ 초등 5학년 2학기	☐ 미분학	

건너뛰기　　**다음**

07 ▶ 학생을 추가해야 합니다. **구글 클래스룸 초대, 클래스 링크로 학생 초대, 학생 계정 만들기** 중 원하는 유형을 선택합니다. 학생을 초대하기 전에는 반드시 학부모의 동의를 받아야 합니다.

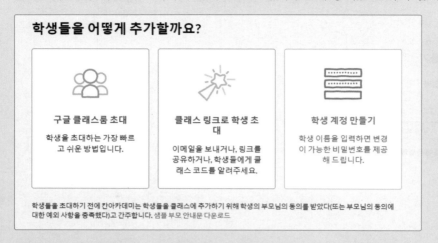

08 ▶ 클래스 만들기가 모두 완료되었습니다.

09 ▶ 코스를 완료하는 시점을 결정해 코스의 목표를 생성해 줍니다.

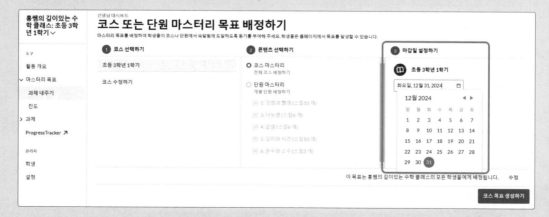

학습을 진행해요

01 선생님이 초대해 준 클래스에 학생이 로그인하면 클래스 코스가 보입니다. [시작] 버튼을 눌러 학습을 시작합니다.

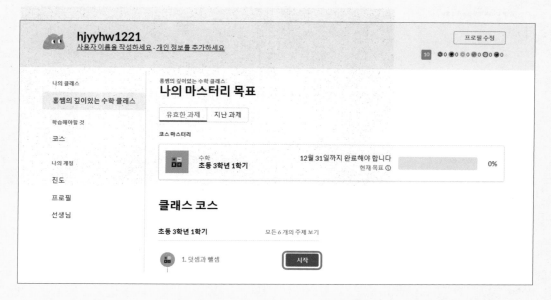

02 학습에 있는 각 차시별 주제를 읽고 학습이 필요한 차시를 순서대로 학습해 갑니다. 예시에서는 "10이나 100 더하기" 차시를 선택했습니다.

🏠 · 수학 · 초등 3학년 1학기

단원 1: 1. 덧셈과 뺄셈

가능한 1,000 마스터리 포인트 ⓘ

👑 마스터함   ⬛ 숙련됨   ⬛ 익숙함   ⬜ 시도함   ⬜ 시작되지 않음   ⚡ 퀴즈   ★ 단원 테스트

⬜⬜⬜⬜⬜⬜⬜⚡⬜⬜⬜★

이 단원에 대하여

세 자리 수의 덧셈과 뺄셈의 계산 원리를 이해하고 계산할 수 있으며 일상생활에서 유용하게 활용할 수 있다. 또한 세 자리 수의 덧셈과 뺄셈 상황과 관련된 문제 해결 및 탐구 학습 과정을 통해 있다.

[02차시]덧셈을 해 볼까요(1)

학습

▶ 10 이나 100 더하기

▶ 일의 자리, 십의 자리, 백의 자리 더하기 (초등2학년 1학기 3단원)

▶ 세 자리 수 더하기 (받아올림 없음)

연습문제

다음에 공부할 내용:
십의 자리와 백의 자리의 덧셈 (받아올림 없음)
총 4 문제 중 3 문제를 맞혀서 레벨을 올리세요!

시작

---

03 ▶ 관련 영상이 나옵니다. 외국 영상이긴 하나 자국어 지원이 되므로 학습하는 데 어려움은 크게 없습니다. 수업 영상을 하나씩 듣습니다.

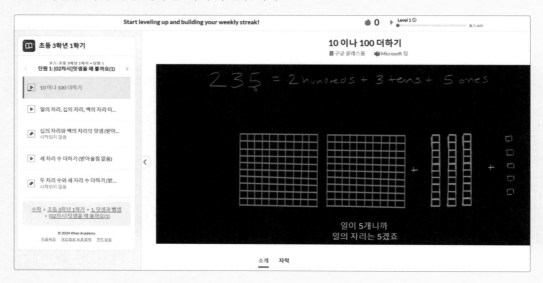

04 ▶ 이번에는 연습 문제의 [시작] 버튼을 클릭합니다.

05 총 4개의 연습 문제가 준비되어 있습니다. 준비가 되었다면 우측 하단에 있는 **[시작]** 버튼을 클릭합니다.

06 문제를 하나씩 해결하고 **[정답 확인]** 버튼을 클릭합니다. 문제와 관련된 영상 콘텐츠를 클릭해 평가 중 학습을 진행해도 좋습니다. 정답을 맞힐 경우 축하의 메시지가 나타납니다.

07 문제를 모두 해결하면 레벨업 되었다는 메시지가 나타나고 포인트가 주어집니다.

TIP

연습 문제를 해결하면 정답률에 따라 다음과 같은 아이콘이 표시됩니다.

👑 마스터함　■ 숙련됨　▭ 익숙함　▢ 시도함　▢ 시작되지 않음

08 만약 문제를 틀렸다면 다시 한 번 풀어보라는 메시지가 나타납니다. **[Show a step]** 버튼을 클릭합니다.

09 틀린 문제에 대한 정답과 제시된 문제 풀이를 통해 잘 몰랐던 부분에 대한 학습이 가능합니다.

두 자리 수와 세 자리 수 더하기 (받아올림 없음)

📁 구글 클래스룸 　 🪟 Microsoft 팀

$535 + 421 = \boxed{578}$

1/2

$$535 + 421$$

$$=500 + 30 + 5 + 400 + 20 + 1$$

$$=500 + 400 + 30 + 20 + 5 + 1$$

$$=900 + 50 + 6$$

2/2 $\quad = 956$

10 문제를 모두 해결하면 7문제 중 1문제가 틀렸지만, 레벨업을 알리며 현재 포인트를 알려줍니다. 연습 문제를 여러 번 풀어 익숙함이라고 표시된 차시를 숙련됨 등으로 스킬업 할 수 있습니다.

두 자리 수와 세 자리 수 더하기 (받아올림 없음)

📁 구글 클래스룸 　 🪟 Microsoft 팀

코스 마스터리: 4% ⓘ 　　　　　　　　　　　　　　　　　　　　 ∨ 보기

단원 1 ◼◼▢▢▢▢▢⚡▢▢▢★

🔥 **멋져요! 레벨업 하였습니다!** 🔥
6/7 맞힘 · 550 에너지 포인트

학습 과정을 성찰해요

01 ▶ 학습이 완료되면 해당 단원을 얼마나 마스터했는지 확인합니다. 현재 96% 마스터되었다고 나오며, 훌륭하게 학습하였으므로 다음 단원으로 넘어갈 수 있습니다.

02 ▶ 좀 더 완벽하게 학습하기 위해 단원 평가 문제를 다시 한 번 풀어 봅니다. 새로운 문항들이 주어지며 잘 해결했을 때 마스터 비율이 100%로 변경됨을 확인할 수 있습니다. 매 단원이 끝날 때마다 자신의 학습 과정을 살펴보고 추가 학습 등을 통해 자신의 학습을 더욱 단단하게 할 수 있습니다.

03 또한 칸 아카데미에는 다양한 학습 배지 제도가 있습니다. 강의를 듣고 문제를 푸는 양이 많아짐에 따라 여러 가지 배지를 얻을 수 있습니다. 배지를 얻고 관리하는 과정에서 학습에 대한 몰입과 동기부여가 가능할 뿐 아니라 자신이 학습 활동에 얼마나 충실했는지, 꾸준히 실천했는지를 돌아볼 수 있습니다.

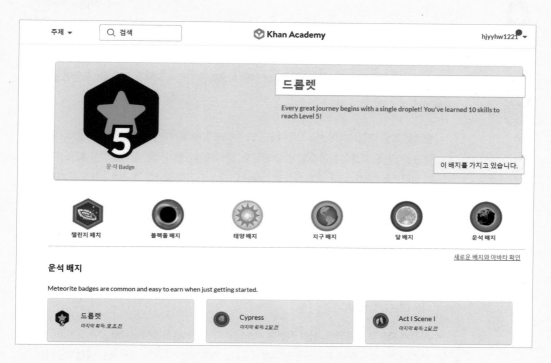

운석 배지 (Meteorite badges)	가장 획득하기 쉬운 배지로 고유 스킬을 3개 마스터했을 때, 7개를 했을 때 등 비교적 학습 초기에 얻을 수 있는 배지
달 배지 (Moon badges)	운석 배지보다 획득이 어려우며, 고유 스킬 15개, 25개 등을 획득했을 때나 하나의 주제 영상을 1시간 이상 시청했을 때, 반년 동안 쉬지 않고 학습했을 때 등 비교적 오랜 시간 학습한 사람에게 주어지는 배지
지구 배지 (Earth badges)	달 배지보다 획득이 어려우며, 고유 스킬 50개, 1년 동안 쉬지 않고 학습했을 때 등의 상황에서 주어지는 배지
태양 배지 (Sun badges)	최고의 배지로서 고유 스킬 100개, 150개 이상일 때 2년 동안 변함없이 학습했을 때 주어지는 배지
블랙홀 배지 (Black Hole badges)	아주 획득하기 어려운 배지로서 4,950개의 스킬을 마스터하거나 레벨 100을 달성했을 때 주어지는 배지
챌린지 배지 (Challenge badges)	주어진 도전 과제를 완료했을 때 받을 수 있는 특별한 보상 배지

AI 디지털 기반 수학 수업

AI 디지털 기반 수학 수업의 이점은 무엇일까요?

Khan Academy와 같은 적응형 학습 시스템을 사용하면 어떤 점이 좋을까요?

Khan Academy와 같은 적응형 학습 시스템을 사용하면 학생과 교육자 모두에게 도움이 될 수 있습니다.

- **맞춤형 학습 경험:** 각 학생의 고유한 요구와 능력에 맞게 교육 경험을 맞춤화합니다. AI 기반 학습 플랫폼은 학생의 진행 상황을 지속적으로 분석하여 강점과 약점 영역을 식별하고 그에 따라 콘텐츠를 조정합니다. 이를 통해 학생들은 더 많은 도움이 필요한 개념이나 영역 공부에 집중할 수 있습니다.

- **즉각적인 피드백 및 지원:** 적응형 학습 플랫폼의 강점 중 하나는 즉각적인 피드백을 제공하는 능력입니다. 연습이나 퀴즈를 마친 후 학생들은 자신의 성과에 대한 실시간 통찰을 얻습니다. 어떤 질문에 올바르게 답변했는지, 어디에서 잘못 답변했는지 빠르게 확인할 수 있습니다. 이러한 즉각적인 피드백은 학생들이 자신의 실수로부터 학습하고 개념을 보다 효과적으로 강화하는 데 도움이 됩니다.

- **시간과 자원의 효율적인 사용:** 적응형 시스템은 학생들에게 특별히 필요한 것에 초점을 맞춰 학습 시간을 최적화합니다. 모든 경우에 적용되는 일률적인 커리큘럼을 따르는 대신 학습자는 이미 이해하고 있는 콘텐츠를 건너뛰고 어려운 주제에 더 많은 시간을 할애할 수 있습니다. 이러한 효율성은 학습 속도와 능력이 다양한 학생들에게 특히 유용합니다.

- **교사를 위한 데이터 기반 통찰력:** 교사는 학생들이 어떤 주제에 어려움을 겪고 있는지, 다양한 섹션에서 얼마나 많은 시간을 소비하는지, 전반적인 기술 습득을 보여주는 대시보드를 통해 학생의 진행 상황을 모니터링할 수 있습니다. 이 데이터는 교육자가 교육을 더욱 개인화하고 필요한 경우 개입하는 데 도움이 됩니다. 교사는 학생이 자주하는 실수의 패턴을 파악하고 교실 수업 전략을 조정하거나 도움이 필요한 학생에게 추가 리소스를 제공할 수 있습니다.

- **접근성 및 유연성:** 칸 아카데미와 같은 적응형 학습 플랫폼은 컴퓨터, 태블릿, 스마트폰 등 다양한 기기에서 접근할 수 있습니다. 이러한 유연성을 통해 학생들은 언제 어디서나 학습할 수 있으며, 이는 일정이 서로 다르거나 원격 또는 서비스가 부족한 지역에 있는 학생들에게 특히 유용합니다. 또한 필요한 만큼 여러 번 수업을 일시 중지하고, 되감고, 복습할 수 있는 기능을 통해 학생들은 각자의 학습 스타일에 가장 적합한 방식으로 자유롭게 학습할 수 있습니다.

Khan Academy를 활용한 디지털 기반 수학 수업

관련교과	시간	관련 학습 요소	디지털 리터러시				인공지능 리터러시			
			디지털 정보 리터러시	디지털 의사소통	디지털 창의성	디지털 안전	인공지능 이해	인공지능과의 상호 작용	데이터 이해	인공지능의 사회적 영향
수학	2차시		V	V				V		

학습 주제	덧셈과 뺄셈에 관한 여러 가지 문제 풀어 보기
2022 교육과정	[수학] [4수01-03] 세 자릿수의 덧셈과 뺄셈의 계산 원리를 이해하고 그 계산을 할 수 있다.
학습 도구	노트북 또는 태블릿, 필기구

교수 · 학습 활동 요약

동기 유발	• 멘티미터(https://www.mentimeter.com/)를 활용해 덧셈과 뺄셈 깜짝 퀴즈 문제 풀기

[학습 목표]
덧셈과 뺄셈에 관한 여러 가지 문제 풀어 보기

활동 1) 배운 내용 확인하기
- 교과서에 제시된 <배운 내용 확인하기> 문제를 풀어 본다.
- 문제의 정답을 확인하고, 틀린 문제를 오답 노트에 다시 풀어 본다.

활동 2) 칸 아카데미를 활용해 단원 평가 문제 풀어 보기
- 개인별 디지털 디바이스를 활용해 1단원 단원 평가 문항 10개를 풀어 본다.
- 10개의 문항 중 9개 이상 정답을 맞춘 학생 그룹을 1그룹, 5~8개를 맞춘 학생 그룹을 2그룹, 4개 이하로 맞춘 학생 그룹을 3그룹으로 나눈다.
- (그룹별 지도) 그룹별로 수준별 지도를 실시한다.

1그룹	칸 아카데미의 코스 챌린지 문항(30개)을 푼다.
2그룹	칸 아카데미의 1단원 단원 평가 문항을 재응시한 뒤 결과에 따라 그룹을 재조정한다.
3그룹	덧셈과 뺄셈의 방법을 다시 한번 지도한 뒤 단원 평가 문항에 재응시하도록 하고, 그룹을 재조정한다. 필요에 따라 추가 과제를 제시한다.

활동 3) 우리가 배운 수학 이야기
- 칸 아카데미의 대시보드 속 자신의 학습 현황을 살펴보고, 학습의 과정을 성찰한다.
- 덧셈(+)과 뺄셈(-) 탄생의 이야기를 들으며 실생활 속에서 덧셈과 뺄셈을 어떻게 활용하고 있는지 생각해 본다.
- 덧셈과 뺄셈 기호가 없었다면 우리는 어떤 기호를 사용하고 있을지 생각하고 자신의 생각을 발표한다.

학습 정리	• 오늘 배운 내용 정리하기
평가	• (디지털 평가) 구글 클래스룸 과제 기능을 활용해 칸 아카데미에서 제공하는 덧셈과 뺄셈 관련 문항을 구글 클래스룸에서 과제로 제시한 뒤 풀게 하기

Chapter 5

Reading&으로 신나는 디지털 영어 수업

영어 교육, 무엇이 중요할까요?

영어과에서 키워주고자 하는 핵심 역량은 "영어를 활용한 의사소통 역량"입니다. 영어 의사소통 역량이란 영어로 제시된 다양한 정보를 습득하고 문화적 산물을 향유하며 영어로 자신의 생각을 창의적으로 표현할 수 있는, 영어 사용 공동체 참여자들과 협력적으로 상호 작용할 수 있는 역량을 말합니다.

이를 위해 2022 개정 영어과 교육과정에서는 듣기, 말하기, 읽기, 쓰기의 네 언어 기능 영역으로 되어 있던 내용 영역을 듣기와 읽기를 통합해 "이해(Reception)"로, 말하기와 쓰기를 통합해 "표현(Production)"으로 개편하였습니다. 학습자는 정보 취득을 위해 다양한 언어 입력을 수집, 처리, 활용하고, 자신의 생각, 느낌, 의견 등을 다양한 방식과 매체로 표현합니다. 이해와 표현은 **정보 이해**라는 목적과 자신의 생각과 느낌, 의견 등을 **표현하기**라는 목적을 달성하기 위한 것으로 볼 수 있습니다. 이는 학습자가 이해와 표현의 과정에서 유의미한 상호 과정으로서 영어를 내재화할 수 있도록 한 것입니다.

또한 이를 통해 지식정보처리 역량, 창의적 사고 역량, 자기관리 역량, 공동체 역량, 심미적 감성 역량, 협력적 소통 역량을 키워주고자 합니다. 특히 지식정보처리 역량은 영어로 표현된 다양한 매체의 디지털 지식 정보를 자신의 목적에 맞게 검색, 수집, 이해, 분석, 평가 및 활용하는 역량으로서 디지털 기반 영어 수업을 통해 달성할 수 있습니다. 따라서 본 챕터에서는 디지털 기반의 영어 수업을 통해 영어과에서 추구하는 핵심 역량을 키우는 방법을 알아보고자 합니다.

출처: 교육부(2022). 2022 개정 영어과 교육과정

AI 디지털 수업으로
신나는 영어

초등학교 3학년부터 고등학교 졸업할 때까지 무려 10년간 영어를 배우지만 외국인을 만났을 때 자신있게 대화하는 한국인은 과연 얼마나 될까요? TOEIC에서 만점을 받아도 정작 영어로 자기소개조차 잘하지 못한다면 제대로 된 영어 공부를 했다고 볼 수 있을까요? 학습자가 자신의 삶 속에서 부딪히는 실제 문제를 해결하기 위한 실생활 중심 의사소통 능력을 키우기 위해서는 보다 실제적인 영어 공부가 필요합니다. 그렇다면 문법이나 시험 점수에 초점을 맞추는 교육이 아니라 진짜 대화하며 의사소통 능력을 키울 수 있는 영어 방법은 무엇일까요?

이번 챕터에서는 인공지능의 도움을 받으며 자신의 발음을 교정하고, 재미있는 영어 동화책을 읽으며 자연스럽게 영어를 공부하는 리딩앤(Reading&)을 활용한 영어 수업을 살펴봅니다. 영어 동화책을 읽기 전 그림을 통해 단어를 배우고, 흘려듣기와 집중듣기를 통해 책의 내용

을 상상한 뒤 책 속 문장을 녹음해 가며 다시 한번 제대로 읽고 말하는 과정을 경험합니다. 책의 내용을 다 읽었다면 인공지능의 음성 인식 기술을 활용해 자신의 발음을 음소 단위로 분석해 결과를 알려 주는 인공지능과 만날 수 있습니다. 마무리는 재미있는 스펠링 게임과 내용 이해를 묻는 독후 활동으로 진행함으로써 듣기, 말하기, 읽기, 쓰기, 문법, 어휘가 총체적인 이해와 표현 속에 자연스럽게 녹아들며 영어의 전 영역을 학습해 갑니다.

영어 의사소통 능력을 키우기 위한 영어 교과에서 이러한 AI 디지털 도구를 활용한 영어 학습은 학습의 효율과 개별화 맞춤형 수업이라는 측면에서 당연히 수행되어야 할 부분입니다. 기계와의 1:1 대화를 통해 더 많이 이해하고, 표현하는 재미있는 영어 수업을 살펴보도록 합니다.

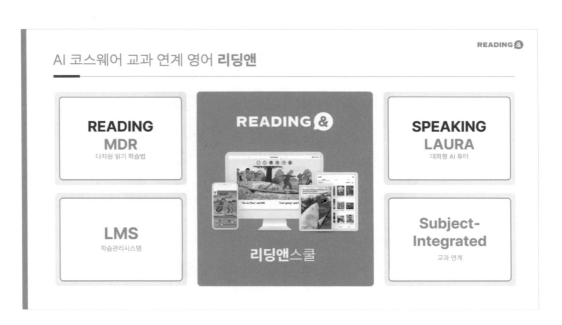

출처: 리딩앤 스쿨(https://lms.readingn.com/)

수업을 준비해요

동화책을 읽으며 의사소통 능력을 키우는 Reading&의 기본 사용 방법에 대해 알아봅시다. 교사 사용 계정을 만든 후 학생 계정은 교사가 직접 생성해 줄 수 있습니다.

01▸ 리딩앤(www.readingn.com)에 접속한 뒤 선생님이 생성해 준 계정으로 로그인합니다.

02▸ 로그인 한 메인 화면의 우측 상단에 레벨 진단 테스트를 클릭합니다.

03▸ 자신의 수준에 따라 레벨 테스트를 진행합니다.

04 레벨 테스트 결과를 확인합니다.

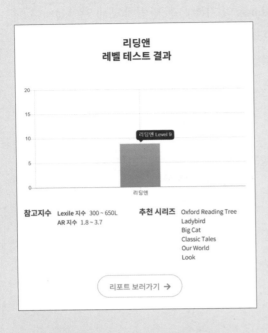

05 학생은 자신이 어떤 레벨인지, 어휘, 문법, 독해 수준이 어떤지 결과 리포트를 통해 확인할 수 있습니다.

06 내 서재에서 진단 결과에 따라 내 레벨에 맞는 도서를 검색해 읽을 수 있습니다.

07 리스트 중에서 원하는 책을 선택하면 다차원 읽기가 가능합니다.

다차원 읽기를 시작해요

01 ▶ 🕶️ 🔊 👁️ 〰️ ✍️ 다차원 읽기 학습의 1단계인 읽기 전 단어 학습을 시작합니다. 이미지와 영어 예문을 매치해 단어의 뜻을 자연스럽게 익힐 수 있습니다.

02 ▶ 🕶️ 🔊 👁️ 〰️ ✍️ 2단계 흘려듣기와 집중듣기로 넘어갑니다. 영국과 미국 발음 중 선택할 수 있고 오디오의 속도도 5단계로 선택 가능하며, 텍스트를 보이게 또는 숨길 수 있습니다.

03 ▶ 🔤 🔍 👁 ✏️ 🔖 3단계 책 읽기로 넘어갑니다. 책을 읽으며 모르는 단어가 있을 때는 사전(📖)과 단어장(📑) 기능을 활용합니다. 사전 버튼을 눌러 단어를 검색한 뒤 뜻을 읽고, 단어장에 담아 필요할 때마다 찾아볼 수 있습니다.

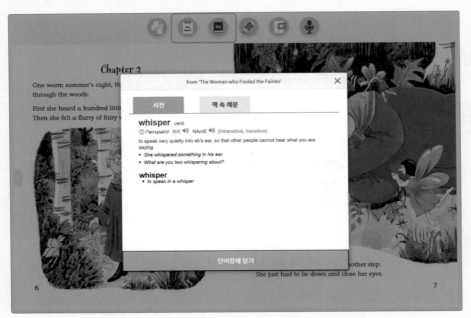

04 ▶ 발음을 듣고 싶을 때는 읽어주기(📢) 기능을 사용하고 녹음(🎙️) 기능을 활용해 자신의 발음을 녹음하고 들을 수 있습니다.

05 ⌘ ⌘ ⌘ ⌘ ⌘ 4단계 인공지능 발음 분석으로 넘어갑니다. 녹음 버튼을 누른 뒤 화면에 보이는 문장을 읽습니다.

06 분석 결과를 확인합니다. 음절과 음소 단위로 원어민 발음과의 일치율을 확인할 수 있고, 분석 결과의 색을 통해 취약한 발음을 파악해 개선할 수 있습니다.

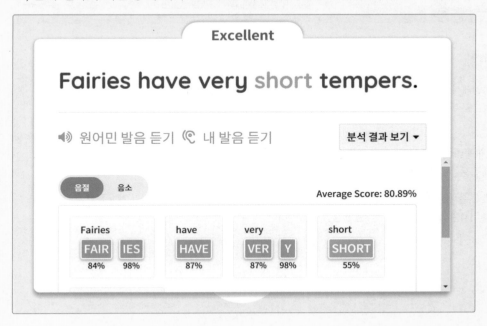

07 ▸ 🎮 🔊 👁 🗨 🗯 간단한 퀴즈로 마무리합니다. 스펠링의 순서나 이야기 순서를 배치하는 퀴즈, 책 내용과 관련된 간단한 질문을 해결해야 합니다. 전 단계를 마무리하면 배지를 획득할 수 있습니다.

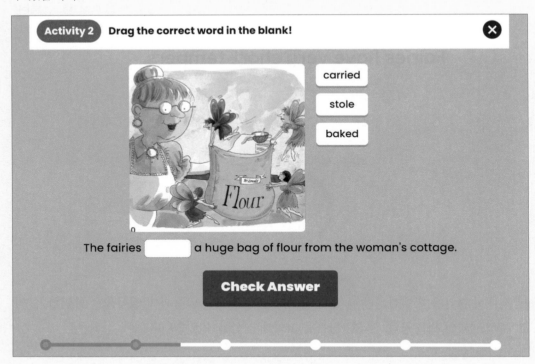

TIP

리딩앤에서는 간단한 퀴즈를 풀어 학습을 마무리하되 점수를 측정하거나 기록하지 않습니다. 재미있는 기억으로 독서를 마무리함으로써 학습자의 부담감을 줄이고, 영어 독서의 즐거움을 얻도록 하기 위함입니다.

2단계 흘려듣기 및 집중듣기를 할 때 교사는 학생들에게 책에서 들은 단어가 무엇인지 묻거나 책의 내용에 대해 질문함으로써 학생들의 듣기 실력을 키워줄 수 있습니다.

또한 본격적인 3단계 책 읽기에서는 영영사전, 단어장, 펜 기능, 녹음 기능, 자동 읽기 기능 등을 제공하고 있어 디지털 리딩의 장점을 최대한 활용할 수 있습니다.

AI 튜터와 함께 해요

01 리딩앤에서 제공하는 레벨별 도서 중 AI 튜터 기능이 적용된 도서를 활용하면 AI 튜터의 도움을 받아 학습할 수 있습니다. "LAURA"라고 적힌 버튼이 있는 도서를 찾습니다. 단, 5단계 학습을 다 끝내야 LAURA 기능을 사용할 수 있습니다.

> 예 도서 이름 검색 : on saturday

02 북 퀴즈(Book Quiz)는 책 속 내용으로 자유롭게 스피킹을 연습할 수 있는 기능입니다. 주인공 인터뷰(Interview the Main Character)는 책 속 주인공과 자유롭게 이야기를 나눌 수 있는 기능입니다.

| Book Quiz

| Interview the Main Character

03 ▶ 복습 퀴즈(Review Quiz)는 학습한 파닉스, 단어, 내용에 대한 이해를 퀴즈로 풀면서 확인할 수 있는 기능입니다. 문장 연습(Sentence Practice)은 단어와 표현을 활용하여 다양한 주제와 상황에 어울리는 문장을 만들 수 있는 기능입니다.

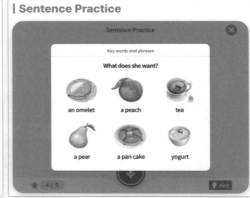

04 ▶ 장면 묘사하기(Describe the Scene)는 책 속 한 장면을 바탕으로 상황, 요소 등 보이는 것을 자유롭게 표현하는 연습을 할 수 있습니다. 역할극(Role Play)은 실제로 대화하듯이 주어진 특정 상황에 맞게 역할을 연기하며 이야기할 수 있습니다.

05 ▶ AI 튜터와의 학습 후 학습 결과를 대시보드 형태로 확인할 수 있습니다.

Accuracy: 음소 단위 분석을 기본으로 발음의 정확도를 판단해 줘요.

Stress: 원어민 음원 강세를 기준으로 발화자의 강세를 체크해 줘요.

Rhythm: 원어민 음원 운율과 발화자의 운율을 비교해 줘요.

Intonation: 원어민 음원 높낮이와 발화자의 높낮이를 비교해 줘요.

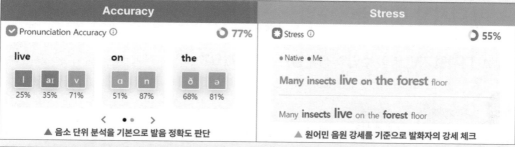

Accuracy			Stress	

Accuracy

☑ Pronunciation Accuracy ⓘ ◔ 77%

live	on	the
l **aɪ** **v**	**ɑ** **n**	**ð** **ə**
25% 35% 71%	51% 87%	68% 81%

‹ ● ● ● ›

▲ 음소 단위 분석을 기본으로 발음 정확도 판단

Stress

✿ Stress ⓘ ◔ 55%

● Native ● Me

Many insects live on the forest floor

Many insects live on the forest floor

▲ 원어민 음원 강세를 기준으로 발화자의 강세 체크

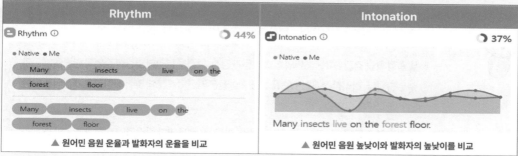

Rhythm

👤 Rhythm ⓘ ◔ 44%

● Native ● Me

| Many | insects | live | on the |
| forest | floor | | |

| Many | insects | live | on the |
| forest | floor | | |

▲ 원어민 음원 운율과 발화자의 운율을 비교

Intonation

🎵 Intonation ⓘ ◔ 37%

● Native ● Me

Many insects live on the forest floor.

▲ 원어민 음원 높낮이와 발화자의 높낮이를 비교

TIP

AI 튜터 LAURA는 3가지 핵심 인공지능 기술이 적용된 대화형 AI 튜터입니다.

❶ PAE(Pronunciation Assessment Engine), STT(Speech to Text), TTS(Text to Speech)가 결합된 Speech Engine ❷ 학습자 분석 데이터 ❸ 생성형 AI 엔진

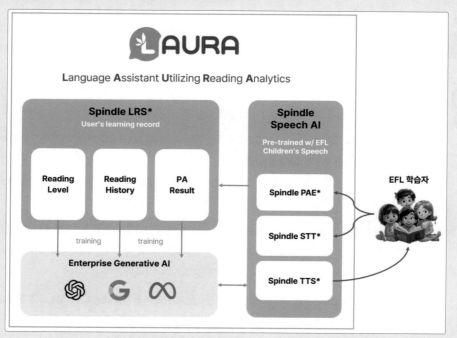

AI 디지털 기반 영어 수업

AI 디지털 기반 영어 수업의 장단점은 무엇일까요?

AI 디지털 플랫폼을 활용한 수업 시 어떤 점이 좋을까요?

AI 디지털 기반 플랫폼 활용 영어 수업은 다음과 같은 여러 가지 장점을 제공합니다.

- **맞춤형 학습 경험:** AI는 개인의 학습 패턴과 강점, 약점을 분석해 맞춤형 수업과 연습을 제공할 수 있습니다. 이러한 적응형 학습을 통해 학생들은 자신의 속도에 맞춰 성장하고 개선이 필요한 영역에 집중할 수 있습니다.

- **즉각적인 피드백:** AI 기반 플랫폼은 문법, 발음, 작문에 대한 즉각적인 수정과 피드백을 제공합니다. 이 실시간 피드백은 학습자가 실수를 빠르게 이해하고 그에 따라 학습 접근 방식을 조정하는 데 도움이 됩니다.

- **강화된 말하기 및 듣기 연습:** 대부분의 AI 디지털 플랫폼은 자연어 처리를 통해 대화를 시뮬레이션하여 학생들에게 말하기 및 듣기 연습 기회를 제공합니다. AI 튜터와 대화하며 실제 의사소통에 대한 자신감을 키울 수 있습니다.

AI 디지털 기반 플랫폼 활용 수업 시 어떤 점에 주의해야 할까요?

AI 디지털 기반 플랫폼은 영어 학습에 많은 이점을 제공하지만 고려해야 할 몇 가지 단점도 있습니다.

- **인간 상호 작용의 부족:** AI 디지털 기반 플랫폼에는 인간 교사가 제공하는 개인적인 접촉과 공감이 부족할 수 있습니다. 언어를 배우는 것은 문법과 어휘를 익히는 것뿐만 아니라 인간의 상호 작용을 발전시키는 데 도움이 되는 문화적 뉘앙스, 감정, 맥락을 이해하는 것도 포함하므로 수업 설계 시 이러한 부분에 대한 균형감을 유지할 수 있도록 해야 합니다.

- **동기 부여 및 책임감 부족:** 격려하고 동기를 부여하는 인간 교사가 없으면 학습자는 자기 훈련에 어려움을 겪을 수 있습니다. 이런 점에서 학생들과 유대감을 높이며 사회정서 역량을 키워줄 수 있는 교사의 역할이 중요하다고 볼 수 있습니다.

- **개인정보 보호 문제:** AI 디지털 기반 플랫폼은 개인화된 경험을 제공하기 위해 사용자에 대한 대량의 데이터를 수집합니다. 이는 학습을 향상시킬 수 있지만, 특히 민감한 정보가 저장되는 경우 데이터 보안 및 개인정보 보호에 대한 우려를 불러일으킵니다.

Reading&를 활용한 디지털 기반 영어 수업

관련교과	시간	관련 학습 요소	디지털 리터러시				인공지능 리터러시			
			디지털 정보 리터러시	디지털 의사소통	디지털 창의성	디지털 안전	인공지능 이해	인공지능과의 상호 작용	데이터 이해	인공지능의 사회적 영향
영어/진로	2차시		v	v	v			v		

학습 주제	흘려듣기 및 집중듣기 전략을 활용해 <Swimming the Dream> 책의 내용을 듣고 내용을 파악하기
2022 교육과정	[영어] [9영01-08] 적절한 전략을 활용하여 다양한 매체로 표현된 담화나 글을 듣거나 읽는다. [진로] [9진로02-03] 진로 정보를 탐색하는 다양한 방법을 알아보고 관심 분야의 진로 정보를 탐색하고 활용한다.
학습 도구	노트북 또는 태블릿, 필기구

교수 · 학습 활동 요약

동기 유발	• 장애를 가진 주인공의 이야기 영상 보기
학습 활동	<표 아래 참조>
학습 정리	• 오늘 배운 내용 정리하기
평가	• (디지털 평가) 5단계 마무리 평가에 응시하여 책 속 단어와 내용을 잘 기억하고 있는지 확인하기

학습 활동

> **학습 목표**
>
> 흘려듣기 및 집중듣기 전략을 활용해
> <Swimming the Dream> 책의 내용을 듣고 내용을 파악하기

활동 1) 흘려듣기 및 집중듣기 전략을 활용해 책의 내용 듣기

- <Swimming the dream> 책의 내용을 다함께 듣는다.
- 텍스트를 숨기고 흘려듣기를 통해 내용을 먼저 파악하고, 텍스트를 보이게 한 후 다시 한번 책의 내용을 듣는다.

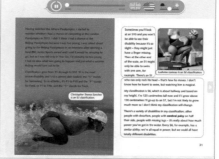

활동 2) 퀴즈를 통해 내용 확인하기

- 퀴즈를 통해 책 속에 등장한 단어와 내용을 파악한다.
- 자신이 잘못 파악한 부분을 1:1 책 읽기를 통해 다시 확인하며 학습이 필요한 단어나 문장을 단어장에 기록한다.
- 제일 마음에 드는 페이지를 정해 직접 읽으며 녹음하고 잘못된 발음은 개별 연습하며 개선한다.
- 듣기와 읽기를 통한 이해와 말하기, 쓰기를 통한 표현이 잘 어우러졌는지 자신의 디지털 영어 학습 과정을 성찰한다.

Chapter 6

'소프트웨어야 놀자'를
활용한 자기주도적
SW·AI 교육

학생의 자기주도성과 교사의 자기주도성

자기주도학습이란 타인의 상호 작용 여부와 관계없이 개인이 스스로 학습 요구를 진단하고, 학습 목표를 설정하며 학습을 위한 자원을 확인하는 등 학습에 있어서 주도권을 행사하는 과정을 말합니다. 다른 행위 주체와의 연결이나 사회적 맥락과의 관계보다는 심리적인 관점에서 학습에 관한 개인의 내적 과정에 보다 초점을 두는 개념이라 볼 수 있습니다. 이에 반해 자기주도성은 자신의 삶과 주변 세계에 긍정적으로 영향을 미치는 능력·의지·신념으로서 목표를 설정하고 반성하며 변화를 일으키기 위해 책임감있게 행동할 수 있는 역량으로 정의됩니다. 주도성이란 다시 말해 어떤 일에 대해 주체가 되어 이끌거나 부추기는 행위로서(김덕년, 2023) 주도성을 갖추었는가의 여부는 그 일의 중심에 있는지, 변화를 가져오는지로 판단할 수 있는 것입니다.

학생이 학교 교육의 과정에서 자기주도성을 발현하기 위해서는 무엇보다 교사의 도움이 필요합니다. 교사는 수업을 설계하거나 과제를 제시할 때 학생이 자기주도성을 발휘할 수 있도록 어떤 전략이나 장치를 사용할 것인지 고민해야 합니다. 즉, 학생의 성향에 대한 이해를 바탕으로 학생이 스스로 학습하는 과정에 성공의 경험을 할 수 있는 기회를 제공해야 하며, 스스로 성찰하도록 함으로써 깊이 있는 이해로 연결되게 해야 합니다. 또한 이러한 주도성을 이어 가도록 하기 위해서 학습 주제가 학생들의 삶에 닿아 있어야 하고, 학생이 흥미를 느낄 수 있을 만한 것이어야 합니다.

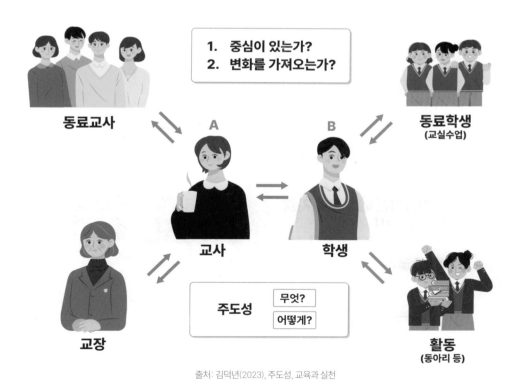

출처: 김덕년(2023), 주도성, 교육과 실천

특히 2015 개정 교육과정에서 처음 의무화된 SW 교육이나 2022 개정 교육과정에서 처음 시도되는 AI 교육처럼 학생들이 많이 경험해 보지 못한 수업을 처음 받을 때 자신의 주도성을 발현하기란 쉽지 않습니다. 이는 교사 역시 마찬가지이므로 처음 해 보는 수업을 설계하고 평가할 때 교사 역시 교사의 주도성이 필요합니다. 교사가 교사의 주도성을 발휘하기 위해서도 몇 가지 환경적 조건이 필요합니다. **첫째**, 협력적인 공동체 문화가 정착된 학교여야 합니다. **둘째**, 동료 교사와의 원활한 소통과 공감을 통해 교사 간 협력이 잘 이루어지는 조직 문화가 필요합니다. **셋째**, 주도적으로 교육과정을 분석하고, 성취기준을 재구조화하며 자신만의 수업을 디자인할 수 있어야 합니다. 즉, 자발적인 선택의 기회가 지속적으로 제공되는 환경일 때 비로소 교사는 자기주도성을 발휘해 자신만의 수업으로 구체화할 수 있습니다.

이렇게 교사가 자기주도성을 발휘할 수 있는 환경이 갖춰졌다면 교사는 스스로 수업을 설계하고 운영하기 위한 다양한 자원을 모으고 학습해야 합니다. 이때 교사의 자기주도성을 지원해 줄 수 있는 다양한 수업 소스나 자원들이 있다면 교사의 성장을 보다 빠르게 촉진시켜 줄 수 있습니다. 예를 들어, 에듀넷·티-클리어 플랫폼(Teacher-Curriculum, Learning, Evaluation and Activity Resources)은 교육과정과 교육 정책 전반의 정보를 통합 제공하고 협업 소통을 지원하는 교육정보 통합 지원 서비스로 선생님과 학생의 교육활동을 지원합니다. 교육과정 자료, 주제별 학습 자료, 수업 능력 향상을 위한 영상, 교재 등 방대한 분량의 교육 소스 지원을 통해 교사의 주도성을 지원하고, 자발적 전문성 향상에 기여합니다.

또한 SW 수업이나 AI 수업 시 '소프트웨어야 놀자'와 같은 플랫폼을 활용하면 영상, 수업 지도안, 수업 PPT 등의 자료를 무료로 얻을 수 있어 자신이 하고자 하는 수업에 이를 응용하거나 적용하여 자신만의 수업으로 디자인할 수 있습니다. 본 챕터에서는 '소프트웨어야 놀자' 사이트를 활용해 어떤 수업을 할 수 있는지 알아보도록 합니다.

출처: 에듀넷·티-클리어(https://www.edunet.net/)

놀면서 배우는
SW·AI 교육 플랫폼

네이버 커넥트재단은 네이버가 공익목적 교육사업을 투명하고 전문적으로 시행하기 위해 2022년에 설립한 비영리기관입니다. 소프트웨어가 산업의 중심이 되는 미래에는 생애 전반에 걸쳐 지속적인 배움이 필요합니다. 따라서 네이버는 누구나 경제적 부담없이 필요한 최신 기술을 원하는 시기에 배울 수 있도록, 교육으로 다가올 미래를 준비하기 위해 네이버 커넥트재단을 설립하고 다양한 무료 서비스를 제공하고 있습니다.

주니버스쿨과 주니버TV는 어린이들에게 안전하고 유익한 콘텐츠를 제공하는 교육 플랫폼으로 특히 주니버스쿨의 경우 논리, 수학, 코딩, 그리고 사회성까지 4~7세 어린이들에게 새로운 디지털 세상에 필요한 배움과 성장의 기회를 제공합니다. 부스트캠프와 부스트코스는 성인을 대상으로 하는 SW교육 플랫폼으로 소프트웨어 산업에 필요한 현장형 인재를 발굴하고 양성하는 것을 목표로 합니다. 또한 열린강좌로서 edwith 플랫폼은 더 많은 사람들이 교육의 기회를 얻을 수 있도록 공개 강좌 서비스를 무료로 제공하고 있습니다.

이뿐 아니라 네이버 커넥트재단은 초중등 SW교육의 발전을 위해 '엔트리'와 '소프트웨어야 놀자'라는 교육 플랫폼도 운영하고 있습니다. 엔트리는 블록형 프로그래밍 언어 기반의 SW교육 플랫폼으로서 코딩을 처음 접하는 학생들도 쉽게 창작할 수 있고 코딩을 통해 협업과 공유의 문화를 경험하도록 합니다. 현재 엔트리는 우리나라 초, 중학교 교과서에서 많이 사용하는 프로그래밍 언어로 2022년 기준 360만 명의 누적 가입자수를 자랑합니다. '소프트웨어야 놀자'는 SW교육의 중요성을 널리 알리기 위해 제작된 플랫폼으로서 SW교육뿐 아니라 데이터와 AI 교육과 관련된 다양한 영상과 교재, 강의까지도 무료로 제공하며 학생들이 새로운 디지털 세상에 필요한 지식과 역량을 키워갈 수 있도록 돕고 있습니다. 2022년 기준 34,257명의 학생을 교육했고, 26,623명의 교사를 대상으로 연수가 진행되었으며 누적된 교육 콘텐츠의 분량도 591차시에 이릅니다.

출처: 엔트리 플랫폼(https://playentry.org/)

자기주도적 학습을 준비해요

SW나 AI 프로그래밍 교육을 처음 접하는 학생의 경우 혼자 학습하기가 쉽지 않습니다. 하지만 다양한 영상과 자료, 코스웨어를 제공하는 플랫폼이 있다면 자기주도적 SW·AI 학습이 가능합니다.

01▶ 구글 검색 창에 "소프트웨어야 놀자"를 입력합니다.

02 소프트웨어야 놀자(https://www.playsw.or.kr/main)의 메인 화면입니다. 우측 상단에 있는 [로그인] 버튼을 클릭합니다.

03▶ 네이버 또는 웨일 스페이스 계정으로 로그인을 합니다.

04 ▶ 상단 메뉴에는 교사의 SW·AI 수업 준비를 돕거나 학생 스스로 SW·AI 학습을 할 수 있는 콘텐츠가 있습니다.

05 ▶ [인공지능&데이터]에는 다양한 영상 콘텐츠와 교재, 체험 콘텐츠는 물론 실습을 위한 콘텐츠도 있습니다. 영상의 경우 학생들도 이해하기 쉽게 제작되어 교사가 수업 시간에 학생들에게 제공해도 좋고 학생 스스로 보고 학습하기에도 좋습니다.

06 ▶ **[인공지능&데이터]**의 교재 콘텐츠의 경우 수업 가이드와 수업 강의안을 웹페이지를 통해 볼 수도 있고 PDF 파일로 다운받아 활용할 수 있습니다.

07 ▶ **[소프트웨어]**는 컴퓨터 과학의 기본 개념과 원리를 쉽게 이해할 수 있도록 돕는 영상과 교재가 개발되어 있습니다.

08 특히 **[소프트웨어]**의 교재 콘텐츠는 초등 1-2학년군, 3-4학년군, 5-6학년군으로 구분되어 있어 어린 학습자들부터 체계적으로 교육할 수 있도록 돕습니다.

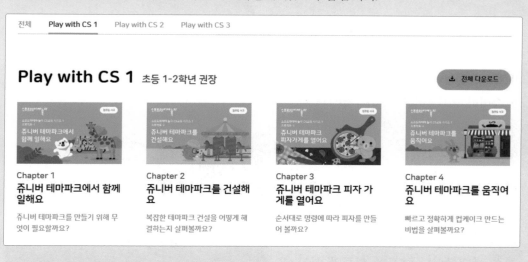

09 **[프로그램]**에는 오픈 클래스를 통해 실시간 강좌를 제공하고 있어 관심 있는 주제에 대한 연수에 참여할 수 있습니다.

인공지능 학습의 원리를 이해해요

01▶ [인공지능&데이터]의 실습을 클릭합니다. 인공지능의 학습 원리를 쉽게 배울 수 있는 인공지능 실습 콘텐츠가 있습니다. 2022 개정 교육과정에서 시작되는 인공지능 교육 시 활용하면 좋은 실습 콘텐츠입니다.

02▶ 인공지능 스마트팜 [시작하기] 버튼을 클릭합니다. 속도를 빠르게 하고 싶다면 부스트 모드를 활성화해도 좋습니다.

03▶ 문제 상황을 제시하고 있습니다. 농촌의 일손 부족 문제를 어떻게 해결하면 좋을지 생각해 보게 합니다.

04 ▶ 카메라, 양액 센서, 이산화탄소 센서, 습도 센서, 온도 센서, 차광 시스템, 냉난방기 등 스마트팜에 있는 다양한 정보를 제공합니다. 정보를 모두 확인했다면 화살표 버튼을 눌러 다음으로 넘어갑니다.

05 ▶ 농촌 일손 부족 문제를 인공지능을 활용해 해결하려 합니다. 판매 가능한 방울 토마토와 판매 불가능한 방울 토마토를 인공지능이 선별하기 위해서는 판매 가능한 방울 토마토와 판매 불가능한 방울 토마토를 학습해야 합니다. 그러기 위해 먼저 방울 토마토가 아닌 것부터 제거하는 데이터 처리 과정을 거치고, 판매 가능한 것과 판매 불가능한 것의 기준을 찾아봅니다.

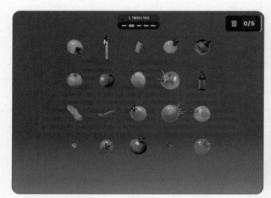

06 ▶ 방울 토마토를 하나씩 보며 색깔, 크기 등의 기준에 따라 판매 불가한 것, 판매 가능한 것이 무엇인지 알려 줍니다. 이렇게 판매 가능한 것과 판매 불가한 것의 특징을 표현한 것을 "레이블(LABEL)"이라고 합니다.

07 총 30개의 데이터를 수집했습니다. **[학습하기]** 버튼을 클릭합니다. 인공지능이 실제 학습에 사용하는 데이터를 훈련 데이터라고 하며, 준비한 데이터의 2/3 정도를 학습에 사용합니다. 여기서는 30개 중 20개를 훈련 데이터로 활용합니다.

08 훈련 데이터를 활용해 판매 가능한 것인지, 판매 불가한 것인지를 판단해 보고 맞았는지, 틀렸는지를 확인해 갑니다.

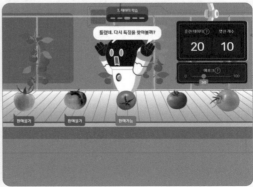

09 ▶ 반복해서 학습하면 더 정확하게 분류할 수 있습니다. 훈련 정확도를 확인하고 낮다면 라벨링을 다시 하고, 괜찮다면 **[학습 더하기]** 버튼을 클릭합니다.

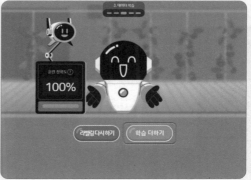

10 ▶ 총 30개 중 학습에 사용하지 않은 10개의 데이터를 테스트 데이터로 활용합니다. 제대로 학습했는지 확인할 수 있습니다.

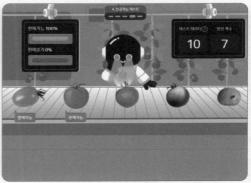

11 ▶ 인공지능 성능 테스트가 완료되었습니다. 정확도가 낮게 나온다면 **[학습 더하기]** 버튼을 클릭하고 괜찮다면 다음으로 넘어갑니다. 마지막으로 실제 스마트팜에서 인공지능이 방울 토마토를 분류하는 과정을 살펴봅니다.

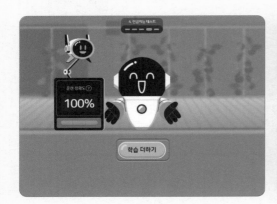
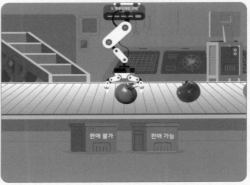

12 실제 선별하는 과정에서 판매 불가한 방울 토마토가 판매 가능으로, 또는 판매 가능한 방울 토마토가 판매 불가로 선별될 때가 있습니다. 이러한 문제에 대해 생각해 보게 하며 인공지능 윤리 교육을 진행할 수 있습니다.

13 미션이 완료되면 별명과 소속을 입력해 인증서를 받을 수 있습니다.

14 보다 자세한 내용은 **[실습 가이드]**를 클릭해 확인할 수 있습니다.

TIP

실습 가이드 버튼을 누르면 인공지능 스마트팜 실습 간단 가이드북과 인공지능 실습 가이드1, 실습 가이드2가 각각 PDF 파일로 제공됩니다.

- **실습 가이드1**은 인공지능 스마트팜을 체험하며 알게 되는 개념과 원리에 대한 자세한 설명이 제시되어 있고 이를 간단하게 요약한 것이 간단 가이드북입니다.

- **실습 가이드2**는 인공지능 스마트팜을 체험하는 것으로 끝내지 않고, 체험을 통해 배운 개념과 원리를 활용해 실제 AI 프로그램을 만들어 보는 수업을 할 수 있도록 지원합니다.

실제로 판매 가능한 방울 토마토와 판매 불가능한 방울 토마토 이미지 데이터셋을 수집하는 방법, 수집한 데이터를 가공하고 처리하는 방법, 마련된 데이터셋을 활용해 인공지능 모델을 만들고, 완성한 인공지능 모델을 활용해 AI 프로그램을 만드는 모든 과정이 자세하게 안내되어 있습니다. 학생들과 인공지능 스마트팜을 체험한 후 AI 프로그램을 직접 만들어 보는 수업까지 진행한다면 인공지능을 활용해 실생활의 문제를 해결해 보는 소중한 경험을 제공함으로써 **깊이 있는 수업**을 실천할 수 있습니다.

자기주도적 SW · AI 학습 방법

SW 교육이나 AI 교육에서 학생이 스스로 주도성을 가지고 학습하기 위한 방법은 무엇일까요?

학생이 SW나 AI 학습에 있어 자기주도성을 발휘하려면 어떻게 해야 할까요?

- 첫째, 학습에 대한 분명한 목표를 설정합니다. 예를 들어, 한달 안에 파이썬 기초 마스터하기 등과 같이 구체적이고 측정 가능한 목표를 설정하되 시간 제한을 두어 목표 달성 여부를 확인할 수 있도록 합니다.

- 둘째, 학습 경로를 스스로 계획합니다. 칸 아카데미, 엔트리와 같은 학습 플랫폼을 활용하되 학습에 대한 경로와 계획을 스스로 세워 학습을 실천해 갑니다.

- 셋째, 학습 커뮤니티나 학습 플랫폼을 적절하게 활용합니다. Stack Overflow, GitHub, Reddit과 같은 코딩 커뮤니티나 포럼에 참여하거나 해커톤, 웹 세미나, 온라인 모임 등에 참석함으로써 함께 공부하는 사람을 만듭니다.

SW나 AI 학습에 있어 학생의 자기주도성을 발휘하면 어떤 점이 좋을까요?

- 첫째, 자신의 속도와 스타일에 따라 맞춤형 학습이 가능합니다. 학생은 자신의 수준에 따라 학습의 속도나 분량을 조절할 수 있으며 자신이 좋아하고 관심 있어 하는 분야에 목표를 맞춰 자기만의 학습을 진행할 수 있습니다.

- 둘째, 자신의 속도와 스타일에 맞는 학습을 통해 자신감을 높일 수 있습니다. 스스로 문제를 해결했을 때 얻게 되는 성취감은 학습에 대한 자신감으로 이어지므로 학생은 더욱 자기주도적 학습에 몰두하며 학습을 이어갈 수 있습니다.

- 셋째, 스스로 문제를 해결하는 과정에서 문제 해결력과 창의적 사고력을 효과적으로 키울 수 있고 더 깊은 이해를 가져옵니다. SW나 AI를 활용한 문제 해결에 있어 학생은 스스로 데이터를 수집하고, 분석해야 합니다. 또한 코딩과 구현, 디버깅까지 모든 과정에서 스스로 주도적으로 학습에 참여하게 됩니다. 따라서 효과적으로 문제 해결력과 창의성을 키울 수 있고, 학습에 대한 더 깊은 이해를 경험할 수 있습니다.

'소프트웨어야 놀자'를 활용한 자기주도적 SW·AI 학습

관련교과	시간	관련 학습 요소	디지털 리터러시				인공지능 리터러시			
			디지털 정보 리터러시	디지털 의사소통	디지털 창의성	디지털 안전	인공지능 이해	인공지능과의 상호 작용	데이터 이해	인공지능의 사회적 영향
실과	2차시		∨	∨	∨		∨	∨	∨	∨

학습 주제	'인공지능 스마트팜' 체험을 통해 인공지능의 학습 원리 이해하기
2022 교육과정	[실과] [6실04-09] 동식물 자원의 친환경 농업 사례를 통해 지속가능한 농업이 순환되고 있음을 인식하고 농업의 미래가치를 인식한다. [실과] [6실05-05] 인공지능이 만들어지는 과정을 체험하고 인공지능이 사회에 미치는 영향을 탐색한다.
학습 도구	노트북 또는 태블릿, 필기구

	교수·학습 활동 요약
동기 유발	• <해외로 가는 스마트팜> 영상 시청하기
학습 활동	<div>학습 목표 **'인공지능 스마트팜' 체험을 통해 인공지능의 학습 원리 이해하기**</div> **활동 1) 인공지능 스마트팜 체험하기** • https://www.playsw.or.kr/ai-contents/practice/1에 접속해 인공지능 스마트팜에서 인공지능이 학습하는 방법을 체험합니다. **활동 2) 기계학습의 동작 원리 알아보기** • 자기주도 워크북을 활용해 인공지능 스마트팜에서 체험했던 내용을 떠올리며 기계가 학습하는 방법을 단계별로 정리합니다. <div>데이터 전처리하기 ➡ 데이터 탐색하기 ➡ 데이터 라벨링하기 ➡ 데이터 학습하기 ➡ 반복하여 학습하기 ➡ 데이터 학습 결과 확인하기 ➡ 인공지능 성능 테스트하기 ➡ 실제 문제 해결하기</div> • 자기주도 워크북을 활용해 기계학습의 방법을 정리합니다. <div>지도학습이란 다양한 데이터를 보여주고 이 데이터들이 어떤 것인지 정답을 미리 알려 주며 학습하는 인공지능의 학습 방법입니다.</div> **활동 3) 엔트리에서 인공지능 모델을 만들어 AI 스마트팜 프로그램 만들기** • 실습 가이드북2를 활용해 체험의 과정을 실제로 엔트리에서 프로그램으로 만들어 봅시다.  데이터셋 수집하기 / 인공지능 모델 만들기 / 프로그램 만들기
학습 정리	• 오늘 배운 내용 정리하기
평가	• (산출물 평가) 엔트리로 인공지능 스마트팜 프로그램 완성하기

Chapter 7

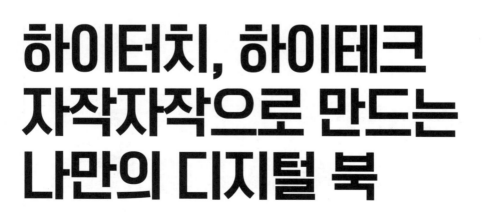

하이터치, 하이테크 자작자작으로 만드는 나만의 디지털 북

하이터치 하이테크란?

하이터치 하이테크는 미래학자 존 나이스비트가 1982년에 쓴 "메가 트렌드(Mega Trend)"라는 책에서 처음 소개한 개념으로 이후 [하이테크 하이터치]라는 책에서 보다 자세하게 다루었습니다. 이 책에서 기술은 본질적으로 인간을 위한 것으로 인간의 삶을 편리하게 만들었지만, 지나친 기술에 대한 의존이 현대 사회를 '기술적으로 중독된 지대'로 변하도록 만들었음을 이야기합니다. 이렇게 기술은 인간을 이롭게 하기도 하고 해롭게 하기도 하므로 인간성을 지켜주는 기술은 받아들이되, 인간성을 저해하는 기술은 거부해야 한다고 주장합니다. 또한 이때 이로운 기술과 해로운 기술을 선별할 수 있는 고도의 인간 정신을 "하이터치"라 통칭하며 빠르게 발전하는 첨단 기술을 바람직한 쪽으로 나아갈 수 있도록 대응하는 **하이터치**를 기를 것을 강조합니다.

4차 산업혁명 시대가 되면서 세상은 기본적으로 하이테크를 지향하고 있습니다. 인공지능, 빅데이터, 사물인터넷, 소프트웨어, 클라우드 등 이러한 선도적 하이테크 기술은 인류의 삶과 방식에 막대한 영향을 미치고 있습니다. 이러한 거센 변화는 우리 교육에도 영향을 미쳐 다양한 최첨단 디지털 기술을 활용한 수업에도 관심이 매우 높습니다. 이 과정에서 지나친 기술 중심의 교육에 대한 우려의 목소리 또한 높으며 이를 극복할 수 있는 대안으로서 교사를 통한 '하이터치' 학습에 높은 관심이 쏠리고 있습니다.

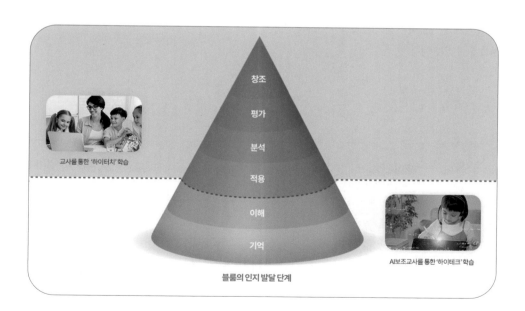

출처: 아시아교육협회(https://educomasia.org/htht/)

AI 기술의 발전은 학생 한 명 한 명이 그들에게 맞는 최적의 교육 내용을, 최적의 시간에, 최적의 속도로 학습하게 함으로써 단 한 명의 학생도 소외되지 않는 맞춤형 학습을 가능하게 해 줍니다. 특히 이러한 AI 기술을 바탕으로 2025년부터 도입될 예정인 AI 디지털 교과서는 서책형 교과서와 더불어 우리 교육 현장에 새로운 교육 패러다임을 가져올 것으로 여겨집니다. 하지만 이러한 AI 기반의 학습이나 AI 보조교사의 하이테크 교육은 학생이 효과적으로 지식을 기억하고 이해할 수 있도록 학생 개개인의 수준에 맞는 학습을 지원할 뿐입니다. 즉, 하이테크 교육은 기억과 이해라는 저차원의 사고력 향상에만 기여할 뿐 고차원의 사고력 향상으로 나아가기 위해서는 결국 교사에 의한 하이터치 교육이 필요합니다.

교사에 의한 하이터치 교육은 학생이 학습을 통해 자신이 배운 지식을 적용하고, 분석하며 평가와 창조를 통해 고차원적 사고를 키우는 과정을 지원합니다. 더 나아가 교사와 학생 간 대화와 상호 작용은 학생과 교사를 인간적으로 연결함으로써 학생의 사회적·정서적 역량을 키우는 역할을 수행합니다. 이렇게 하이터치 하이테크 교육은 지능정보사회에 AI 보조교사와 인간 교사로 하여금 자신이 더 잘할 수 있는 분야에 좀 더 몰입하고, 집중할 수 있도록 함으로써 학생의 효과적인 학습과 성장에 도움을 줄 수 있습니다.

예를 들어, 교사는 AI 보조교사를 활용해 사전에 학생에 대한 정확한 진단을 수행할 수 있습니다. 학생에 대한 정확한 진단과 분석은 학생의 수준과 흥미와 수준에 맞는 수업 설계에 도움을 줍니다. 이렇게 사전 진단 후 교사는 학습 준비가 덜 된 느린학습자에게 사전 과제 학습을 통해 다음 단계의 수업으로 넘어가는데 어려움이 없도록 도움을 줄 수 있습니다. 그리고 본 수업에서 학생들이 창의적 사고력을 키우는 프로젝트 수업이나 토의·토론 수업 등을 통해 '적용, 분석, 평가, 창조'의 고차원적 학습 경험을 진행합니다.

이렇듯 하이터치 하이테크 교육은 교사가 인공지능을 비롯한 지능정보기술을 활용해 학생 중심의 수업이 이루어질 수 있도록 돕는 새로운 교육의 패러다임을 뜻합니다. AI 보조교사는 하이터치 하이테크 교육의 과정에서 교사의 업무를 돕고 학생의 학습을 지원하는 역할로 사용될 수 있으며 데이터에 기반한 정확한 학생 이해라는 측면에서 미래 교육을 위한 중요한 도구로 활용될 수 있습니다.

하이터치
(High-Touch)

교사

학습 디자이너
사회적·정서적 지도자

하이테크
(High-Tech)

AI 디지털 교과서
(AIDT)

맞춤형 학습도구
(AI 보조교사)

생성형 AI와 함께 만드는
나만의 디지털 북

생성형 AI의 기술이 발달하면서 여러 생성형 AI 플랫폼을 활용해 디지털 북을 만드는 사례가 많아지고 있습니다. 먼저 디지털 북을 만들기 위해서는 쓰고자 하는 전체적인 이야기의 주제나 개요가 필요합니다. 이야기에 대한 전체적인 컨셉이나 테마가 정해졌다면 ChatGPT, Jasper 또는 Writesonic과 같은 AI 기반 작성 도구를 사용하여 콘텐츠 초안을 작성합니다. 이러한 플랫폼은 사용자가 제공한 프롬프트를 기반으로 텍스트를 생성하여 소설의 장, 스토리라인 또는 자세한 캐릭터 설명을 개발하는 데 도움을 줍니다. 또한 이러한 도구를 활용해 이야기를 생성했다면, 생성한 후 수동으로 또는 Grammarly나 ProWritingAid와 같은 AI 기반 편집 도구를 사용하여 글을 편집하고 다듬을 수 있습니다.

출처: Amazon Kindle Direct Publishing(https://kdp.amazon.com/en_US/)

또한 디지털 북에 이야기와 연관 있는 그림이 필요한 경우 Adobe Firefly 또는 MidJourney와 같은 AI 도구를 사용하여 맞춤형 일러스트레이션, 표지 디자인 또는 인포그래픽을 만들 수 있습니다. 이렇게 글과 그림 등을 모두 완성했다면 마지막으로 Canva 또는 Adobe InDesign과 같은 플랫폼을 사용하여 디지털 출판용으로 책의 형식을 지정하고 Amazon Kindle Direct Publishing 또는 Apple Books와 같은 자체 출판 플랫폼에 업로드할 수 있습니다. 이러한 과정에 다소 복잡하고 어려워 보일 수 있지만, 생성형 AI의 도움을 받는 것에 익숙해진다면 나만의 디지털 북을 굉장히 짧은 시간에 완성도 있게 만들 수 있습니다. 이외에도 글쓰기 교육부터 책 만들기까지 한 번에 가능한 자작자작과 같은 AI 코스웨어 플랫폼도 있으므로 자신의 성향과 수업 스타일에 맞게 적합한 도구를 선택해 교육하면 됩니다.

수업을 준비해요

학생들이 온라인으로 글을 쓰고 그것을 묶어 디지털 전자책으로 만들 수 있는 플랫폼인 자작자작(https://www.jajakjajak.com/)에 대해 알아봅시다.

01 ▶ 구글 검색 창에 "자작자작"을 입력합니다.

02 ▶ 메인 페이지를 확인합니다. 좌측에 있는 **[시작하기]** 버튼을 클릭합니다.

03 ▶ 구글, 웨일 등의 계정이 있다면 이와 연동하여 로그인을 합니다. 없다면 제일 아래 [회원가입을 해볼까요?]를 클릭합니다.

04 ▶ 예시에서는 구글 계정과 연동하여 로그인을 합니다.

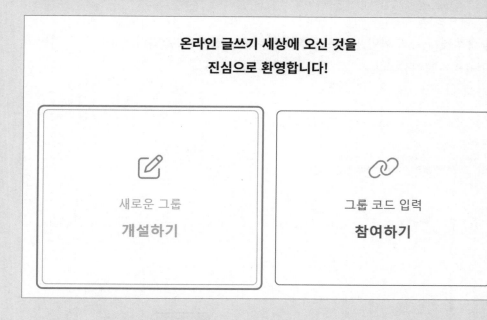

아래 방법들 중 선택하여 로그인할 수 있어요.

JAJAK 로그인

아이디 또는 이메일을 입력해 주세요.

비밀번호를 입력해 주세요.

로그인

SOCIAL 로그인

G 구글 로그인

🐋 네이버 웨일(Whale) 학교 / 기관 로그인

회원가입을 해볼까요? | 비밀번호를 분실 했나요?

G Google 계정으로 로그인

jajakjajak.com 서비스로 로그인

🔵 rnd@ssem.re.kr ▾

계속하면 Google에서 내 이름, 이메일 주소, 언어 환경설정, 프로필 사진을 jajakjajak.com 서비스와 공유합니다. jajakjajak.com의 개인정보처리방침 및 서비스 약관을 참고하세요.

Google 계정에서 Google 계정으로 로그인을 관리할 수 있습니다.

취소 | 계속

한국어 ▾   도움말   개인정보처리방침   약관

05 ▶ 화면 중앙에 있는 [새로운 그룹 개설하기]를 클릭합니다.

온라인 글쓰기 세상에 오신 것을
진심으로 환영합니다!

✏️

새로운 그룹
개설하기

🔗

그룹 코드 입력
참여하기

06 ▶ 그룹명, 그룹 소개에 내용을 입력하고, 이미지를 업로드합니다. 예시에서는 ChatGPT를 활용해 생성한 학교 이미지입니다. 예시에서는 그룹명에 "더나은초등학교", 그룹 소개에 "더나은초등학교 디지털 북 만들기 동아리입니다."로 입력하였습니다.

07 ▶ 그룹 속성에 소속과 학년 등 정보를 입력합니다. 정보를 모두 입력했다면 우측 하단의 [개설하기] 버튼을 클릭합니다.

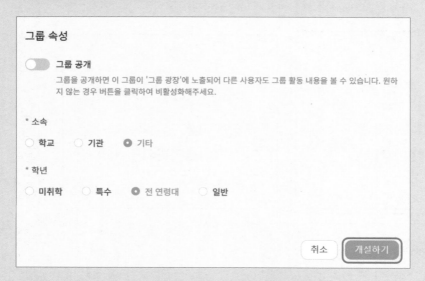

08 개설한 그룹의 모습이 보입니다. 내 그룹에서 **그룹 추가** 또는 **그룹 참여**를 할 수 있습니다. 개설한 그룹을 클릭합니다.

09 그룹 멤버의 [초대] 버튼을 누르면 학생들을 초대할 수 있는 초대 코드와 초대 URL을 복사할 수 있습니다. 복사한 링크를 학생들에게 SNS 등을 통해 전달합니다.

10 ▶ 교사가 전달해준 링크를 클릭하면 회원 가입 페이지로 이동합니다.

11 ▶ 전체 약관에 동의한 뒤 [계속] 버튼을 클릭합니다.

12 ▶ 닉네임을 입력한 뒤 [중복검사]를 눌러 사용가능한 닉네임인지 확인합니다. 그리고 회원 구분에 '학생' 등으로 선택한 뒤 [계속] 버튼을 클릭합니다.

13 ▶ 회원 설정 내용을 확인한 뒤 이상이 없다면 [계속] 버튼을 클릭합니다.

14 [그룹 코드 입력 참여하기]를 클릭합니다.

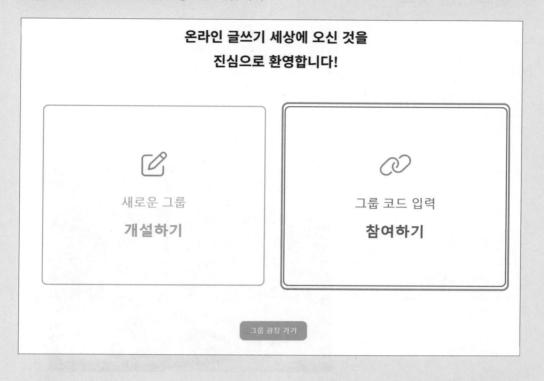

15 그룹 코드를 입력하고 [참여하기] 버튼을 클릭합니다.

16 그룹 멤버에 속한 참여자를 확인할 수 있습니다.

글쓰기를 해요

01 ▶ 내 그룹에서 개설한 그룹을 선택한 뒤 좌측 메뉴에서 **[활동 및 글감 관리]**를 클릭합니다.

02 ▶ 활동 추가에 "친구"를 입력하고 **[저장]** 버튼을 클릭합니다. 활동명에는 학생들에게 내고 싶은 주제를 입력하면 됩니다.

03 ▶ 활동 아래에 글감을 추가하기 위해 **[+글감 추가]** 버튼을 클릭합니다.

JAJAK   Free 멤버십   ☰ 내 그룹 > 더나은초등학교 > 활동 및 글감 관리

내 그룹

더나은초등학교   ∧   ⬜ 활동 순서 변경   활동 추가

   그룹 홈

   활동 및 글감 관리   친구   ‹

   참여자 관리   + 글감 추가

04 ▶ 글감 편집 페이지에 제목, 설명, 작성 안내 등의 정보를 입력합니다. 예시에서는 친구라는 대주제 아래 "학교 생활"을 제목으로 입력했습니다. 기타 노출 설정 여부, 글 작성 기준 등의 정보도 꼼꼼하게 입력합니다.

글감 편집

* 제목

학교 생활 **①**

* 설명

나의 학교 생활을 주제로 글을 써 봅시다. 나의 학교 생활을 담은 동화 또는 수필이나 시, 주장하는 글 등 자신이 작성하기 편한 형태로 작성합니다. **②**

작성 안내

1) 나의 학교 생활을 떠올려 봅니다.

2) 어떤 유형의 글을 쓸지 결정합니다. (동화, 수필, 시, 주장하는 글 드) **③**

3) 글을 작성합니다.

이미지

노출 설정

글감 활성화 ❓   🔵

여러 개의 글쓰기 허용 ❓   ⬜

작성글 비공개 ❓   ⬜

AI 작성 도움 활성화 ❓   ⬜

글 작성 기준

글 제출 마감일 ❓

🔵

🕐 2026-01-31 00:00:00

필수 글자 수 ❓

없음 이상 이하 범위

필수 문단 수 ❓

0 문단

05▶ 평가와 연계할 경우 평가 기준도 확인합니다. 불필요한 평가 기준은 삭제하고, 꼭 필요한 평가 항목이 있다면 추가하도록 합니다. 모든 정보를 다 입력했다면 **[저장]** 버튼을 클릭합니다.

06▶ 학생 화면에서는 교사가 낸 글감(숙제형)이 보입니다. **[글 작성]** 버튼을 클릭합니다.

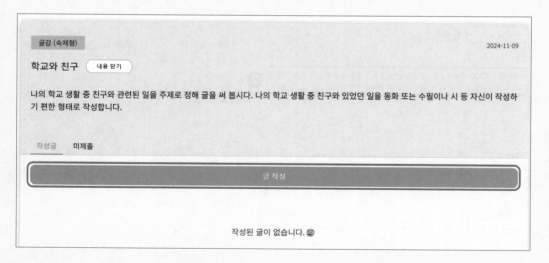

07 제목을 입력하고, 글을 작성합니다.

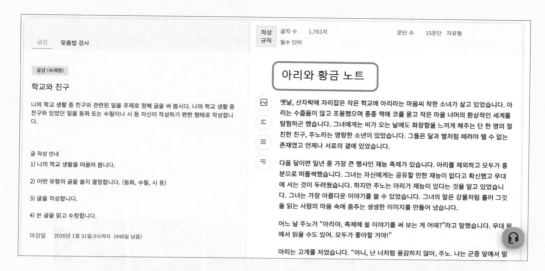

08 필요한 경우 글에 어울리는 그림을 생성해 업로드해도 좋습니다. 현재 무료로 로그인없이 이미지를 생성할 수 있는 구글 딥드림(https://deepdreamgenerator.com/)에 접속합니다. 상단 메뉴바에서 **[FREE AI Image Generator]** 버튼을 클릭합니다.

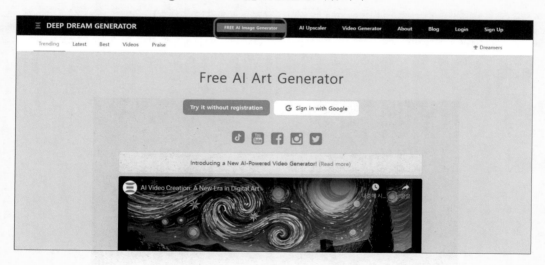

09 프롬프트에 글과 어울리는 그림을 그려 달라고 요청합니다. 구글 딥드림의 경우 한국어보다 영어로 입력했을 때 원하는 그림이 더 잘 생성되므로 번역기의 도움을 받아 영어로 프롬프트를 입력합니다. 입력이 완료되면 하단에 있는 **[Generate]** 버튼을 클릭합니다.

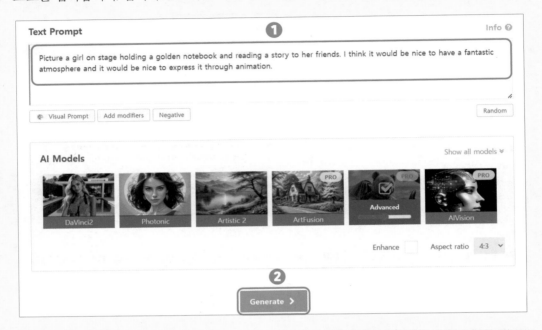

10 생성된 이미지를 확인하고 이상이 없다면 우측 하단에 있는 **[Download]** 버튼을 클릭합니다.

11 이미지(⊡) 버튼을 누르고 그림을 삽입합니다.

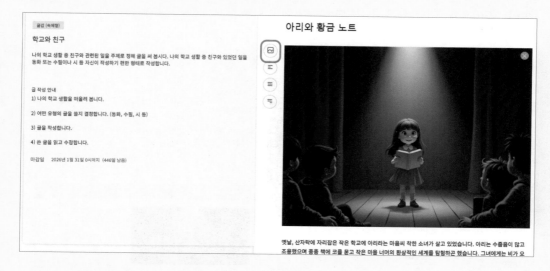

12 글과 그림이 모두 완료되었다면 공개 여부와 익명 여부를 결정한 뒤 **[제출하기]** 버튼을 클릭합니다.

아리의 목소리는 더욱 안정되었고, 온 마음을 다해 책을 읽었습니다. 그녀가 말을 마치자 강당에서는 박수가 터져 나왔고, 심술궂은 선생님들조차 미소를 지을 수밖에 없었습니다.

축제가 끝난 후, 아리와 주노는 황금 노트를 숨겨진 곳에 다시 놓기 위해 다락방으로 돌아왔습니다. 그러나 그들은 마지막 페이지에 반짝이는 글자로 쓰여진 메시지를 발견했습니다.

"진정한 마법은 노트에 있는 것이 아니라 이야기꾼의 마음에 있습니다. 자신을 믿으면 어떤 이야기에도 생명을 불어넣을 수 있습니다."

그날 이후로 아리는 다시는 자신의 재능을 의심하지 않았습니다. 그리고 약간의 용기가 필요할 때마다 그녀는 자신을 믿을 수 없을 때 황금노트와 자신을 믿어준 친구를 기억하곤 했답니다.

🔴 Enter 1번 (문단 구분), Shift+Enter (줄바꿈)

☐ **비공개**   본인과 그룹 관리자 외 다른 사람은 이 글을 볼 수 없게 합니다.

☐ **익명**   작성자명을 익명으로 표시합니다.

❶ 선택

❷ 클릭

임시저장   제출하기

13 ▶ 글이 제출된 것을 확인할 수 있습니다. 교사와 학생들로부터 자신이 만든 책에 대한 피드백을 '좋아요'나 '댓글'을 통해 확인할 수 있습니다.

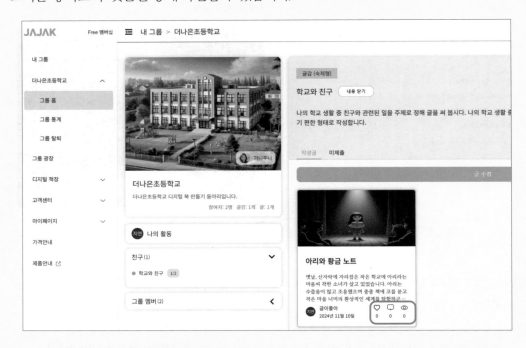

14 ▶ 학생들이 낸 작품을 모아 학급 디지털 북을 만들 수 있습니다. 메인 화면 왼쪽 메뉴에서 디지털 책장을 선택한 뒤 **[디지털 책 만들기]**를 클릭합니다.

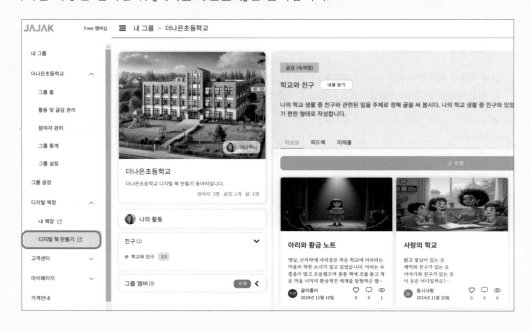

15 ▶ 유형 및 템플릿 선택에서 시집형 사이즈(A5) 또는 신국판 사이즈를 선택한 뒤 [다음] 버튼을 클릭합니다.

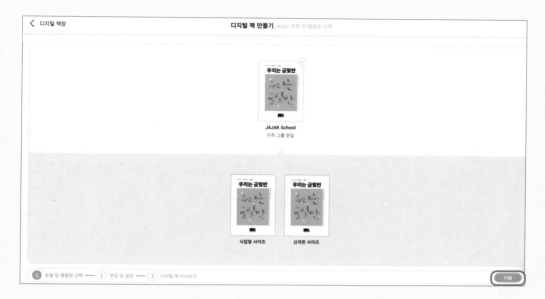

16 ▶ [콘텐츠 추가] 버튼을 눌러 학생들의 작품을 업로드합니다.

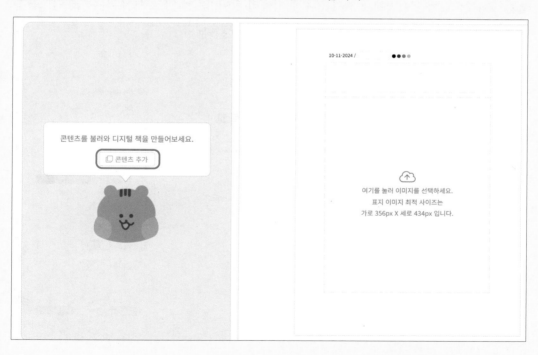

17 그룹을 선택하고 활동과 글감을 모두 차례대로 선택한 뒤 이상이 없다면 **[설정 완료]** 버튼을 클릭합니다.

18 편집 및 설정 페이지에서 책의 표지에 어울리는 이미지를 업로드합니다. 구글 딥드림 등의 생성형 AI를 이용하면 어울리는 표지를 완성할 수 있습니다.

19 ▶ 제목, 표지 이미지, 글꼴 등을 설정한 뒤 [저장 후 다음] 버튼을 클릭합니다.

20 ▶ 표지, 차례, 학생들의 작품 등이 디지털 북으로 만들어진 것을 확인할 수 있습니다.

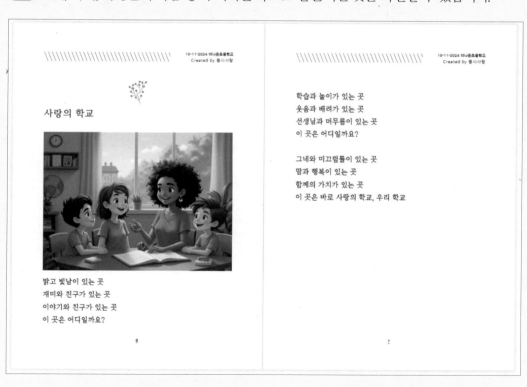

21 끝까지 살펴보며 수정이 필요한 곳이 있다면 수정하도록 합니다.

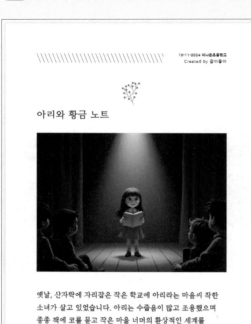

아리와 황금 노트

옛날, 산자락에 자리잡은 작은 학교에 아리라는 마음씨 착한 소녀가 살고 있었습니다. 아리는 수줍음이 많고 조용했으며 종종 책에 코를 묻고 작은 마을 너머의 환상적인 세계를

탐험하곤 했습니다. 그녀에게는 비가 오는 날에도 화창함을 느끼게 해주는 단 한 명의 절친한 친구, 주노라는 명랑한 소년이 있었습니다. 그들은 달과 별처럼 떼려야 뗄 수 없는 존재였고 언제나 서로의 곁에 있었습니다.

다음 달이면 일년 중 가장 큰 행사인 재능 축제가 있습니다. 아리를 제외하고 모두가 흥분으로 떠들썩했습니다. 그녀는 자신에게는 공유할 만한 재능이 없다고 확신했고 무대에 서는 것이 두려웠습니다. 하지만 주노는 아리가 재능이 있다는 것을 알고 있었습니다. 그녀는 가장 아름다운 이야기를 쓸 수 있었습니다. 그녀의 말은 강물처럼 흘러 그것을 읽는 사람의 마음 속에 춤추는 생생한 이미지를 만들어 냈습니다.

어느 날 주노가 "아리야, 축제에 쓸 이야기를 써 보는 게 어때?"라고 말했습니다. 무대 위에서 읽을 수도 있어. 모두가 좋아할 거야!"

아리는 고개를 저었습니다. "아니, 난 너처럼 용감하지 않아, 주노. 나는 군중 앞에서 말을 할 수 없어. 그들이 나를 비웃으면 어떻게 해?"

준호는 잠시 생각하더니 웃었다. "나는 너에게 무엇이 필요한지 알아. 나와 함께 가자."

그는 그녀를 학교의 숨겨진 다락방, 잊혀진 책들과 오래된

22 이상이 없다면 **[최종 발행]** 버튼을 클릭합니다. 최종 발행 후에는 편집이 불가합니다.

23 발행된 디지털 북을 확인할 수 있습니다. 뷰어 링크를 복사해 공유하거나 PDF 파일로 다운받을 수 있습니다.

TIP

하이터치 하이테크

'자작자작'은 학생들이 자신만의 책을 창작할 수 있도록 도와주는 하이테크 플랫폼이라 볼 수 있습니다. 이러한 플랫폼은 다양한 템플릿과 도구를 제공하여 학생들이 창의적인 아이디어를 쉽게 구현할 수 있도록 지원합니다. 학생들은 글쓰기, 디자인, 편집 등 여러 과정을 통해 자신의 생각을 표현할 수 있고, 이를 통해 자신감을 키울 수 있습니다.

또한 '자작자작'은 학생들이 서로의 작품을 공유하고 피드백을 받을 수 있는 기회를 제공합니다. 이러한 상호 작용은 학생들이 다양한 관점을 접하고, 자신의 작업을 개선하는 데 큰 도움이 됩니다. 친구들의 의견을 듣고, 다른 학생들의 창작물을 참고함으로써 학생들은 더욱 풍부한 창의적 사고를 발전시킬 수 있습니다.

하지만 하이테크의 활용만으로는 충분하지 않습니다. 교사는 온·오프라인에서 학생들과의 소통을 통해 그들의 창작 활동을 지원하는 하이터치의 역할을 수행해야 합니다. 교사는 학생들에게 댓글을 달고, 조언을 제공하며, 코칭을 통해 그들의 창의적 과정을 이끌어 줄 수 있습니다. 이러한 교사의 지원은 학생들이 자신의 아이디어를 더욱 발전시키고, 창작 과정에서 겪는 어려움을 극복하는 데 큰 힘이 됩니다. 따라서 학생들이 창작 활동을 할 때, 교사는 긍정적인 피드백과 구체적인 조언을 통해 학생들의 자신감을 높이고, 창의적 사고를 자극하는 환경을 조성하는 것이 중요함을 잊지 말아야겠습니다.

AI 기반 글쓰기 교육

AI의 도움을 받아 글쓰기를 한다면 생각하는 힘이 키우기 어려운 것 아닌가요?

AI의 도움을 받아 글을 쓴다면 스스로 생각하는 힘이 약해지지 않을까요?

많은 사람들이 이런 우려를 하고 있지만 글쓰기 교육에서 AI의 도움을 받는다고 사고력 향상에 부정적인 영향을 미친다고 보기 어렵습니다.

- **아이디어 생성:** AI는 다양한 관점을 제공해 주기 때문에 사용자가 글쓰기를 하는 데 있어 다양한 아이디어 생성에 도움을 줄 수 있습니다.

- **글의 완성도를 높여줌:** AI는 사용자가 작성한 글의 강점과 약점을 식별하고 이에 대한 피드백을 통해 사용자가 글의 완성도를 높이는 데 도움을 줄 수 있습니다.

- **학습 기회:** AI 도구를 활용해 글쓰기를 하다 보면 사용자가 미처 생각하지 못했던 부분까지도 이야기를 해주기 때문에 새로운 관점이나 형식을 배우는데 오히려 도움이 될 수 있습니다.

AI의 도움을 받아 글쓰기 교육을 할 때 어떤 점에 주의를 기울이면 좋을까요?

AI의 도움을 받아 글쓰기 교육을 할 때에는 다음과 같은 잠재적 위험을 예방하고, 사고력을 보다 강화하는 방향으로 지도해야 합니다.

- **과도한 의존 피하기:** AI를 활용해 글을 쓰는 과정에서 아이디어를 조직하거나 문법적으로 틀린 부분을 찾을 때처럼 글쓰기의 전 과정을 효율적으로 만들어 주는데 활용하는 것은 좋은 생각입니다. 하지만 글쓰기 전체를 AI에 맡기고 실제 사용자가 창작의 과정에 참여하지 않는 형태의 과도한 의존은 피해야 합니다.

- **비판적 사고하기:** AI가 제안하는 글쓰기 아이디어나 여러 가지 구성을 주는대로 받아들여서는 안됩니다. AI의 제안을 비판적으로 검토하고 받아들일 것과 받아들이지 않을 것을 명확하게 구분하는 것이 좋습니다.

- **질문의 활성화:** AI의 도움을 받을 때 자신이 쓰고자 하는 글에 대해 끊임없이 질문하며 글쓰기 아이디어를 수집하는 것이 좋습니다. 또한 자신이 글을 작성하는 과정에서 흐름이나 논리의 방향이 맞는지 확인하고 싶을 때도 질문할 수 있습니다.

자작자작을 활용한 디지털 북 만들기 수업

관련교과	시간	관련 학습 요소	디지털 리터러시				인공지능 리터러시			
			디지털 정보 리터러시	디지털 의사소통	디지털 창의성	디지털 안전	인공지능 이해	인공지능과의 상호 작용	데이터 이해	인공지능의 사회적 영향
국어	2차시		V	V	V			V		

학습 주제	문자, 소리, 그림, 사진, 동영상 등이 결합된 복합양식 자료의 특징 및 유형 이해하고 글쓰기
2022 교육과정	[국어] [6국03-04] 독자와 매체를 고려하여 내용을 생성하고 표현하며 글을 쓴다. [국어] [6국06-03] 적합한 양식과 수용자의 반응을 고려하여 복합양식 매체 자료를 제작하고 공유한다. [국어] [9국03-07] 복합양식 자료를 활용하여 내용을 생성하고 글의 유형을 고려하여 내용을 조직하며 글을 쓴다.
학습 도구	노트북 또는 태블릿, 필기구

교수 · 학습 활동 요약

동기 유발	• 장애를 가진 주인공의 이야기 영상 보기
학습 활동	**[학습 목표]** **문자, 소리, 그림, 사진, 동영상 등이 결합된 복합양식 자료의 특징 및 유형을 이해하고 글쓰기** **활동 1) 문자, 소리, 그림, 사진, 동영상 등이 결합된 복합양식 자료의 특징 및 유형을 이해하기** • 다양한 사례를 통해 복합양식 텍스트의 개념을 이해한다. • 그림과 글이 들어간 복합양식 텍스트의 사례를 보고 자신이 만들고 싶은 디지털 북의 유형을 정한다. **활동 2) 자작자작을 활용해 디지털 북 만들기** • 자작자작에 로그인한 뒤 선생님이 초대한 그룹에 들어간다. • 주어진 주제를 읽고, 자신이 쓸 글감과 글감에 어울리는 그림을 구상한다. • ChatGPT, Gemini 등을 활용해 글감에 대한 아이디어를 얻는다. • 스스로 텍스트를 작성하거나 생성형 AI의 도움을 받아 초안을 작성한다. • 글에 어울리는 그림을 생성형 AI의 도움을 받아 생성해 업로드한다. • 자신이 완성한 글을 제출하여 선생님 피드백 및 동료 간 피드백을 받는다. • 피드백에 따라 내용의 일부를 수정해 최종본을 완성한다.   
학습 정리	• 오늘 배운 내용 정리하기
평가	• 완성한 글을 친구들 앞에서 발표하기

Chapter 8

Practice Sets을
활용한 과정 중심 평가

과정 중심 평가와
전이 가능한 지식

과정 중심 평가란 교수학습 과정에서 학생의 변화와 성장에 대한 자료를 다각도로 수집하여 적절한 피드백을 제공하는 평가를 말합니다. 구성주의적 관점에서 학습자는 수동적으로 지식을 받아들이는 존재가 아니라 이미 가지고 있는 정보에 새로운 정보를 결합하여 이를 적극적으로 구성하는 "능동적 정보처리자"입니다. 따라서 똑같은 정보가 새로 들어와도 개인이 가진 지식과 경험에 따라 전혀 다른 결과로 나타날 수 있습니다. 그러므로 학습 과정 중에 학습자를 대상으로 하는 형성 평가와 같은 과정중심 평가가 필요합니다. 즉, 이때 평가는 학습의 결과를 알아보려는 것이 아니라 학습자의 학습 상태를 정확하게 파악하고, 적절한 피드백을 통해 학습자가 성취기준을 달성하도록 돕기 위한 것입니다.

과정중심 평가의 또 다른 중요한 측면은 "전이 가능한 지식"을 함양하는 것입니다. 전이 가능한 지식을 습득했다는 것은 학습자가 익힌 개념이나 기술을 다양한 상황에서 적용할 수 있는 능력을 갖췄다는 의미입니다.

예를 들어, 학습자가 학교 교육을 통해 배운 지식을 사회에서 적용하여 문제를 해결했을 때, 특정 교과에서 배운 지식을 다른 교과에 적용했을 때, 전이 가능한 지식을 활용하고 있다고 봅니다. 이때 교사는 학습자가 전이 가능한 지식을 획득할 수 있도록 과정 중심의 평가를 실시하고, 적절한 피드백을 제공함으로써 학습자가 능동적으로 지식을 재구성하는 과정을 도와야 합니다.

이때 또 하나 중요한 개념이 바로 근접발달영역과 비계 활동입니다. 근접발달영역이란 실제적 발달 수준과 잠재적 발달 수준 사이의 영역으로서 적절한 비계가 제공될 때 학습이 일어날 수 있음을 의미합니다.

즉, 학습자 스스로 해결하기는 어려우나 교사나 학부모, 동료 등의 도움을 받으면 성공적으로 학습이 가능합니다. 교사는 과정중심 평가를 통해 비계 활동을 어떻게 설계할 것인지 자신의 교수학습 계획을 살펴보고 수정을 통해 개선할 수 있습니다.

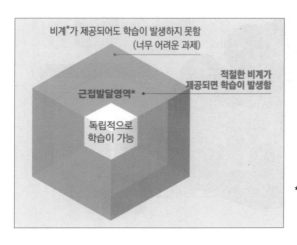

*비계: 건축 공사 때 작업원이 높은 곳에서 일할 수 있도록 도와주는 임시 가설물. 교육에서의 비계는 학습을 촉진하기 위해 체계적으로 제공되는 교육활동을 의미함

출처: 경상남도교육청(2020), 과정중심평가, 이렇게 해봐요!

Practice Sets으로 하는
과정 중심 평가

Practice Sets은 구글 클래스룸에 포함된 평가 기능으로 교사가 학생에게 맞춤형 평가를 할 수 있도록 지원합니다. 구글은 과제 생성 및 채점 지원으로 교사의 업무량을 줄여주고, 학생에게는 맞춤형 학습 자료를 제공함으로써 학생의 학습 참여를 독려합니다. 특히 코로나-19와 같은 원격 학습 환경에서 효과적인 온라인 교육을 제공하고자 Practice Sets을 개발하였습니다.

Practice Sets의 첫 번째 기능은 다양한 유형의 평가 문항을 만들 수 있도록 지원하는 것입니다. 교사는 객관식, 단답형 등 다양한 유형의 평가 문항을 제작하고, 학생들에게 평가 과제를 부여할 수 있습니다. 두 번째 기능은 자동 채점 기능으로 학생들에게는 실시간으로 피드백을 제공할 수 있고, 교사의 채점 시간을 줄여줍니다. 세 번째 기능은 오답을 입력했을 때 적절한 학습 콘텐츠를 추천하거나 힌트를 제공해 줄 수 있습니다. 네 번째 기능은 학생들의 성취 수준을 한눈에 파악할 수 있고, 어떤 문항에서 어려움이 있었는지를 쉽게 확인할 수 있어 학생의 학습 성취에 대한 통찰과 분석이 가능합니다. 이를 통해 교사 자신의 수업에 대한 성찰이 가능할 뿐 아니라 개선의 방향을 잡을 수 있습니다.

따라서 Practice Sets을 사용하면 교사의 업무 시간을 효율적으로 사용할 수 있고, 학생의 경우 즉각적인 피드백을 받아 학생의 학습을 강화할 수 있습니다. 또한 개인화된 평가 문항 제작이나 할당이 가능하다는 점, 데이터 기반의 의사결정을 통해 수업의 개선이나 수정에 유의미한 방향성을 제시해 줄 수 있습니다. 그러나 객관식이나 빈칸 채우기와 같은 구조화된 질문에는 강력하지만 보다 미묘한 개방형 문항 등에는 아직 어려움이 있으며 학생이 지나치게 Practice Sets에 의존할 경우 교사와 학생 간 상호 작용이 줄어드는 문제를 야기할 수 있습니다.

출처: Google The Keyword(https://blog.google/outreach-initiatives/education/introducing-practice-sets/)

평가 문항을 출제해요

Practice Sets은 Teaching and Learning Upgrade 및 Education Plus 요금제에서 사용할 수 있는 평가 기능입니다.

01▶ 구글 계정으로 로그인한 뒤 구글 앱 버튼을 누르고 "클래스룸"을 선택합니다.

02▶ [+] 버튼을 누르고 [수업 만들기]를 클릭합니다.

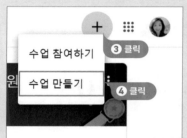

03▶ 왼쪽 게시판에서 "Resources"를 선택한 뒤 "New Practice Sets"을 클릭합니다.

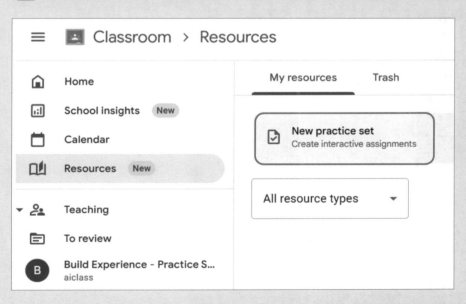

04 ▶ 평가 문항을 출제할 수 있는 페이지가 나타납니다.

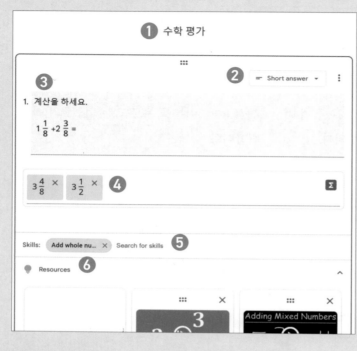

❶ 수학 평가 문항을 낸다고 했을 때 제목을 "수학 평가" 또는 "O단원 평가" 등으로 입력합니다.

❷ 문항의 유형을 선택합니다. 예시에서는 단답형을 선택했습니다.

❸ 문항을 직접 입력하여 출제합니다.

❹ 문항의 정답을 입력할 수 있습니다. 정답이 여러 개이거나 가능한 답이 여러 개인 경우 정답을 추가합니다.

❺ 각 평가 문항의 요소, 핵심 단어를 입력합니다.

❻ 문항, 핵심 키워드 등에 따라 관련 영상이 자동으로 추천됩니다. 또는 직접 학습 주제와 관련된 영상 등의 자료를 업로드할 수 있습니다.

05 ▶ 평가 문항의 요소나 핵심 단어를 입력하면 관련 학습 영상뿐 아니라 핵심 아이디어, 힌트 등이 주어집니다.

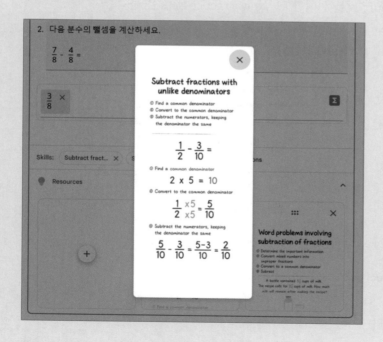

06 추천해 주는 영상을 선택해 학생들에게 제공할 수 있으나 영어 영상인 경우가 많으므로 학급 또는 학생의 수준이나 상황에 맞게 활용합니다.

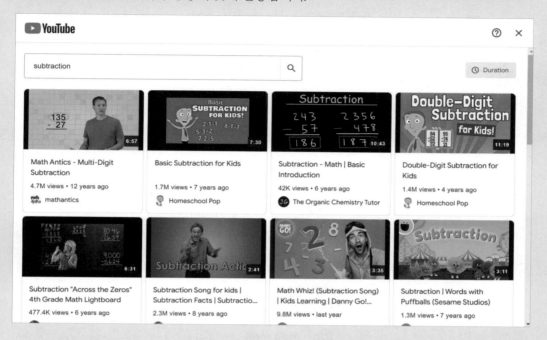

07 직접 관련 영상을 한국어로 검색해 업로드 해도 좋습니다. 이와 같은 방법으로 원하는 문항을 모두 출제합니다.

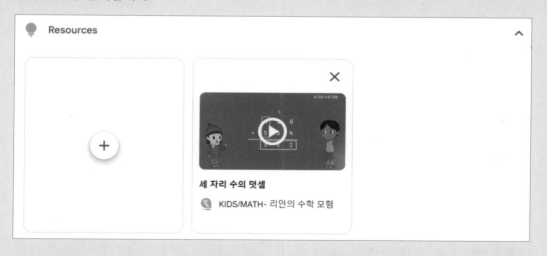

08 문항은 자동으로 저장되므로 문항 출제가 끝나면 과제 게시판으로 이동합니다.

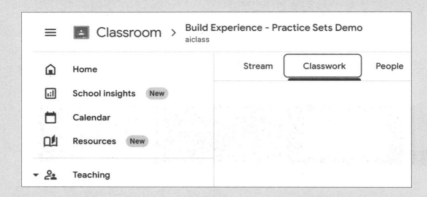

09 [+Create] 버튼을 누른 뒤 [Assignment(과제)]를 선택합니다.

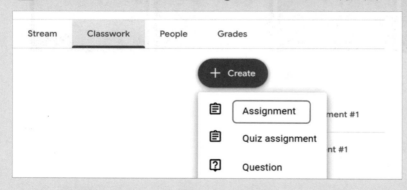

10 과제 게시판 하단에서 Practice Sets을 선택합니다. Practice Sets에서 출제한 수학 평가 문항이 보입니다. 출제한 평가 문항을 선택합니다.

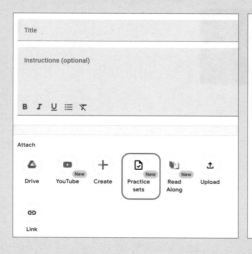

11 ▸ 우측 상단에 보면 [Attach] 버튼이
보입니다. 출제한 문항이 이상이 없다면
[Attach] 버튼을 클릭합니다.

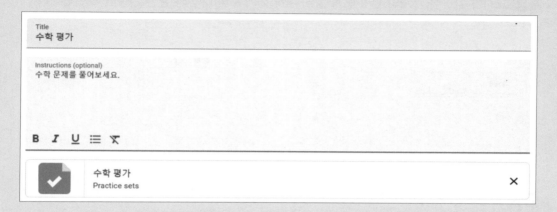

12 ▸ Practice Sets에서 제작한 수학 문항이 첨부된 것을 확인할 수 있습니다. 과제의 이름을
정하고, 간단한 설명을 입력합니다.

13 ▸ 오른쪽 게시판에서 평가 과제와 관련된 설정을 해
줍니다.

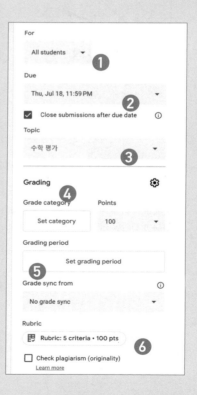

❶ 평가를 받는 대상 학생을 정해줄 수 있습니다.

❷ 제출 기한을 결정해 줍니다. 마감일 이후 제출할 수 없게 설정할 수 있습
니다.

❸ 평가의 이름을 정해줄 수 있습니다. 과제 이름을 제시했으므로 평가의 이
름은 생략해도 됩니다.

❹ 총점수를 몇 점으로 할지 결정합니다. 보통 100으로 많이 둡니다.

❺ 평가 기간을 설정해 줄 수 있습니다. 과제 기한을 주었으므로 생략해도 좋
습니다.

❻ 평가 루브릭을 설정할 수 있습니다. 각 문항의 난이도를 상, 중, 하로 정하
고 세부 점수 또한 개별로 같거나 다르게 설정할 수 있습니다.

모든 설정이 끝났다면 우측 상단에 있는 제출 버튼인
[Assign] 버튼을 클릭합니다.

AI의 도움을 받으며 문제를 풀어요

교사가 과제로 출제한 평가 문항을 풀 때 화면을 살펴보면서 어떤 AI 기능이 있는지 알아봅니다.

01▶ 교사가 할당한 과제의 평가 문항을 하나씩 풀어 보며 다음과 같은 기능을 확인합니다.

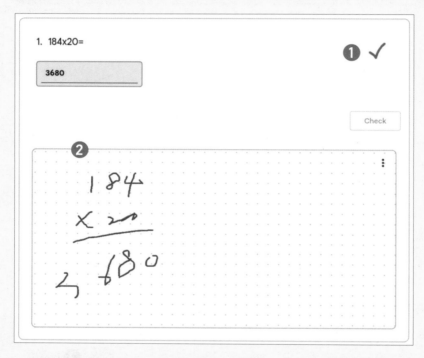

❶ 문제를 풀면 자동으로 채점이 되어 화면에 실시간으로 나타납니다. 정답인 경우 녹색의 체크 버튼이, 오답인 경우 빨간색의 X 버튼이 보입니다.

❷ 문제를 직접 풀 수 있는 노트와 펜 기능이 제공됩니다. 학생이 기록한 문제 풀이 과정은 교사가 확인 가능합니다. 따라서 학생이 정답을 제출했다면 어떤 부분에서 실수가 있었는지, 오개념이나 잘못 이해한 부분은 어디인지 쉽게 찾을 수 있습니다.

02 학생이 문제를 잘못 풀었어도 총 5번의 기회가 주어지므로 다시 문제를 풀 수 있습니다. 화면에 빨간색 X가 나타난다면 다시 풀어 봅니다.

4. 몫이 가장 큰 나눗셈을 찾아보세요. ✕

○ 196÷28

○ 225÷45

○ 256÷32

○ 153÷17

◉ 165÷55

▤ Show your work   Check

03 학생이 스스로 문제를 해결할 수 있도록 추천 영상이나 힌트를 볼 수도 있습니다.

5. 다음 중 나머지가 가장 작은 나눗셈은 어느 것인가요? ✕

○ 725÷34

○ 354÷17

○ 287÷21

○ 347÷15

◉ 382÷22

Hmmm this might help!

AVERAGE
Find the Average of
5, 32, 40,   34, 36, 3
???

04 ▶ 문제를 모두 해결했을 때 축하와 격려의 세레모니가 화면에 나타납니다. 이러한 정적 강화를 통해 학생이 학습을 지속할 수 있도록 돕습니다.

05 ▶ 학생이 문항을 모두 푼 후 과제를 제출하고 나면 교사의 화면에서는 학생의 학습 상황을 점검할 수 있습니다. 각 문항을 몇 번 만에 풀었는지, 최종 틀린 문항은 무엇인지, 학생의 각 문항의 문제 풀이 기록도 교사가 확인할 수 있어 다음 수업 계획을 세울 때 중요한 인사이트를 얻을 수 있습니다.

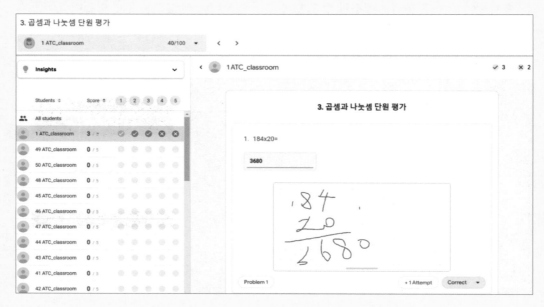

06 학생 역시 자신의 학습 현황을 확인할 수 있습니다. 자신의 평가 결과를 보고 평가에 재응시하거나 교사에게 궁금한 점을 질문할 수 있고, 교사의 피드백이 있다면 개별 응답도 가능합니다.

> **TIP**
>
> **구글 Practice Sets에는 손글씨 자동 인식 기능도 있습니다.**
>
>
> 학생이 적은 손글씨를 문자로 인식할 수 있습니다. 이러한 기술을 OCR(Optical Character Recognition) 이라고 하며, 이미지에서 텍스트를 감지해 텍스트 데이터로 치환하는 기술입니다.

평가를 위한 디지털 기반 도구

구글 Practice Sets처럼 평가에서 활용 가능한 디지털 기반 도구나 플랫폼에는 무엇이 있을까요?

학급 운영이나 평가를 위한 디지털 기반 도구에는 무엇이 있나요?

학급 운영을 위한 디지털 기반 도구에는 구글 클래스룸, 노션, 클래스팅, 위두랑 등이 있습니다. 이들을 활용하면 학생들의 학습 현황을 쉽게 파악할 수 있고, 과제 관리, 일정 관리 등이 용이합니다. 평가를 위한 디지털 기반 도구에는 Socrative, Kahoot, Class Card, 구글 Forms, Flikers 등이 있습니다. 실시간으로 학생들의 응답을 수집하고, 화면에 시각화해 주기 때문에 수업 중 활용하기 좋습니다. 최근에는 AI 기반의 평가, 피드백이 가능한 플랫폼도 많이 늘어났습니다. Classting AI, 노리 AI 스쿨 수학, 매쓰플랫, 밀크티 등은 AI 기반의 플랫폼으로서 학생들의 학습 데이터를 분석해 피드백을 제공하고, 맞춤형 콘텐츠를 추천해 주기 때문에 데이터 기반의 학습 관리나 평가 관리에 큰 도움이 됩니다.

그중에 평가에서 많이 활용되는 디지털 기반 도구를 좀 더 자세하게 설명해 주세요.

Socrative와 Kahoot에 대해 보다 자세하게 정리해 보겠습니다. Socrative는 실시간 퀴즈, 여론 조사, 형성 평가를 위해 설계된 클라우드 기반 학생 응답 시스템입니다. 교사는 다양한 질문 형식을 통해 학생들의 참여를 유도하고 학생의 이해도를 즉시 평가할 수 있습니다. 이처럼 Socrative는 교실에서 신속하게 피드백을 수집하고 학생 학습 진행 상황을 추적하는 데 사용됩니다. Kahoot은 대화형 퀴즈와 평가에 중점을 둔 게임 기반 학습 플랫폼입니다. 학생들을 경쟁적이고 재미있는 환경에 참여시키기 위해 전 세계 교실에서 널리 사용됩니다. 학생 간 경쟁을 유도하면서 제한된 시간은 특히 어린 학생들에게 매우 높은 동기를 유발하며 학습에 적극적인 참여를 유도할 수 있습니다.

Practice Sets을 활용한 과정 중심 평가

관련교과	시간	관련 학습 요소	디지털 리터러시				인공지능 리터러시			
			디지털 정보 리터러시	디지털 의사소통	디지털 창의성	디지털 안전	인공지능 이해	인공지능과의 상호 작용	데이터 이해	인공지능의 사회적 영향
수학	2차시		v	v				v		

학습 주제	곱셈과 나눗셈에 관한 여러 가지 문제 풀기
2022 교육과정	[수학] [4수01-04] 곱하는 수가 한 자릿수 또는 두 자릿수인 곱셈의 계산 원리를 이해하고 그 계산을 할 수 있다. [수학] [4수01-05] 나눗셈이 이루어지는 실생활 상황과 연결하여 나눗셈의 의미를 알고, 곱셈과 나눗셈의 관계를 이해한다.
학습 도구	노트북 또는 태블릿, 필기구

교수·학습 활동 요약

동기 유발	• <곱셈과 나눗셈> 깜짝 퀴즈 풀기
학습 활동	[학습 목표] **곱셈과 나눗셈에 관한 여러 가지 문제 풀기** **활동 1) 배운 내용 확인하기** • 교과서에 제시된 <배운 내용 확인하기> 문제를 풀어 본다. • 문제의 정답을 확인하고, 틀린 문제를 오답노트에 다시 풀어 본다. **활동 2) Practice Sets을 활용해 곱셈과 나눗셈에 관한 여러 가지 문제 풀기** • 구글 클래스룸에 선생님이 제시한 과제를 클릭한다. • 곱셈과 나눗셈에 관한 문제를 해결하고 과제를 제출한다. • 틀린 문제를 확인하고 구글 문서를 활용해 디지털 오답노트를 만든다. • 완성한 디지털 오답노트를 살펴보며 자신이 많이 틀리고 있는 문제의 유형이 무엇인지 생각해 본다. • 디지털 오답노트를 과제로 제출한다. **활동 3) Practice Sets을 활용해 자기평가 문제 내기** • Practice Sets에서 자기가 풀 문제를 스스로 낸다. (10문항) • 스스로 낸 문제를 스스로 해결하되 틀린 문제는 디지털 오답노트를 만들어 다시 한번 해결한다. • 자신이 낸 문제를 짝과 바꿔 풀어 본다. • Practice Sets을 활용해 스스로 문제를 해결한 경험을 통해 자기의 수준을 스스로 평가하고, 자신의 학습 과정이나 문제 해결 과정에서 반성해야 할 점이 있는지 생각해 본다.
학습 정리	• 오늘 배운 내용 정리하기
평가	• (산출물 평가) Practice Sets 해결 결과와 디지털 오답노트 확인하기

Chapter 9

AI 디지털 교과서를
활용한
느린학습자 지원

느린학습자와 지원 방안

느린학습자란 인지나 정서적인 면에서 발달이 느려 학교나 단체 생활에 적응하기를 힘들어하는 아동 및 청소년으로 경계선지능인 학습자를 포함합니다. 조기에 발견하여 다양한 경험과 적정교육을 받으면 일반 아동처럼 정상적 성장이 가능하다고 보며 느린학습자와 관련된 용어로 학습부진아, 학습장애, 난독증, 지적장애, ADHD 등이 있습니다.

느린학습자 관련 용어의 정의

용어	정의	근거
학습부진아	성격장애나 지적 기능의 저하 등으로 인하여 학습에 제약을 받는 자 가운데 특수교육법 제15조에 따른 기준에 선정되지 않은 자	초중등교육법 제28조
학습장애	개인의 내적요인으로 인하여 듣기, 말하기, 주의집중, 지각, 기억, 문제 해결 등의 학습기능이나 읽기, 쓰기, 수학 등 학업 성취영역에서 현저하게 어려움이 있는 사람	특수교육법 제15조
난독증	신경생리학적으로 지능과 시력, 청력 등이 모두 정상임에도 불구하고 언어와 관계되는 신경학적 정보처리과정의 문제로 인해 글을 원활하게 읽지 못하는 증상	난독증 학생 지원 조례
지적장애	지적 기능과 적응행동상의 어려움이 함께 존재하여 교육적 성취에 어려움이 있는 사람	특수교육법 제15조
학습지진	학생의 실제 학업 성취 수준이 그의 연령이나 학년에서 기대되는 수준보다 현저히 뒤떨어진 상태를 의미	제1차 기초학력 보장 종합계획(교육부)
주의력 결핍/과잉행동장애	발달 수준에 맞지 않는 지속적인 주의력 결핍 또는 과잉행동-충동성의 패턴으로, 기능이나 발달에 지장을 주는 수준으로 나타남	DSM-5

출처: 이세형(2024), 느린학습자 특성을 지닌 경기도 S대학교 신입생의 학교 적응을 위한 학습 역량 및 정신건강 검사 도구 활용 방안

느린학습자들은 또래에 비해 인지 발달 수준이 낮으며 추상적·추론적 사고 등의 기능이 상대적으로 낮습니다. 또한 주의집중이나 기억력, 언어 능력, 다양한 정보를 처리하고 추론하는 기능 등에 어려움이 있으므로 셈하기, 독해력 등에 낮은 성취를 보입니다. 일반적으로 언어발달지체를 경험하기 때문에 여러 어휘를 사용하는 것에 제한적이며 타인의 말을 이해하거나 상황과 맥락에 어울리는 언어를 구사하는데 어려움을 보입니다.

정서·사회적 특성면에서도 또래들과 어울리기보다는 독단적으로 행동하고 즉흥적인 반응을 보입니다. 또한 또래에 비해 내향적이며 미숙하고 낮은 자기상을 가지고 있으며, 상황을 이해하고 공감하는 능력이 부족하기 때문에 대인관계에도 어려움을 가집니다. 특히 학령기에 기초학습 역량이 부족하여 낮은 학업 성취를 보이며 반복된 학업 실패로 인지적 무능감과 부정적 자기효능감, 자아개념 형성에 어려움을 나타내면서 또래 관계에서 소외되고, 따돌림을 당하거나 학교 적응에 대한 지속적인 실패 경험이 무능감, 열등감 등으로 이어져 정서·사회적 문제로 심화될 가능성이 높습니다.

이렇게 학교 적응에 어려움을 겪을 수 있는 느린학습자를 위해서는 어떤 노력이 필요할까요?

첫째, 조기 발견 및 실태 파악이 매우 중요합니다. 느린학습자의 경우 빠른 발견과 대응을 통해 정상적인 학교생활이 가능하도록 도울 수 있습니다. 이를 위해서는 관련 정보를 학부모들에게 충분히 제공하고, 학부모 또는 교사의 관찰 역량 강화를 통해 조기에 발견하고 학습자의 정확한 상태를 면밀하게 파악할 필요가 있습니다.

둘째, 맞춤형 학습 지원이 필요합니다. 특히 경계선지능인 학습자의 경우 학습 속도와 수준이 천차만별이므로 개별 특성을 고려한 맞춤 학습 지원을 추진해야 합니다. 특히 교실-학교-학교 밖으로 이어지는 3단계 안정망 구축, AI 디지털 교과서 등을 통해 보다 효율적이고, 체계적인 지원이 이루어질 수 있습니다. 예를 들어, 교실 내에서는 에듀테크 및 AI 디지털 교과서를 활용한 개별 교수·학습 지도가 가능하며, 학교 안에서는 느린학습자를 위한 다중지원팀을 구성해 학습·심리·정서 맞춤형 프로그램을 제공합니다. 또한 학교 밖에서는 학습종합클리닉센터를 중심으로 전문적인 학습 지원이 가능할 것입니다.

셋째, 학습 지원과 더불어 심리·정서 면에서의 돌봄과 지원이 필요합니다. 위(Wee) 프로젝트는 학교, 교육청, 지역사회가 연계하여 학생들의 건강하고 즐거운 학교생활을 지원하는 다중통합지원서비스입니다. 학교에는 위(Wee) 클래스가 있고, 교육지원청에는 위(Wee) 센터가 있으며, 교육청에는 위(Wee) 스쿨, 가정형 위(Wee) 센터, 병원형 위(Wee) 센터 학교폭력 피해학생전담지원기관 등이 있습니다. 이러한 위(Wee) 프로젝트를 통해 경계선지능인을 포함한 느린학습자들에게도 적절한 상담 서비스를 제공하여 마음의 건강을 지키기 위한 노력이 필요합니다.

3단계 안전망

①	**교실 내**	에듀테크를 활용한 개별 교수학습, 수업 중 즉각적 보정 지도를 위한 협력수업 강화
②	**학교 안**	복합적 요인으로 학습에 어려움을 겪는 학생을 위해 관리자(교장·감), 교과·담임교사, 상담·보건·특수교사 등 중심의 다중지원팀을 구성하고 학습·심리·정서 맞춤형 프로그램 제공
③	**학교 밖**	학습종합클리닉센터(교육(지원)청 단위 설치)를 중심으로 관련 기관 및 사업과의 유기적인 협력을 통해 학생을 종합적으로 진단하고 전문적으로 지원

출처: 관계부처합동(2024), 경계선지능인 지원 방안

AI 디지털 교과서

AI 디지털 교과서란 학생 개인의 능력과 수준에 맞는 맞춤 학습 기회를 지원할 수 있도록 인공지능을 포함한 지능정보화기술을 활용하여 다양한 학습 자료 및 학습 지원 기능 등을 탑재한 교과서를 말합니다. AI 디지털 교과서 추진 방향은 크게 4가지로 설명할 수 있습니다. **첫째**, 맞춤 학습(Adaptive Learning)입니다. 학습자의 수준 및 발달 속도 등과 같은 특성을 고려하여 맞춤 학습 경험을 제공합니다. **둘째**, 흥미와 몰입(Interesting & Immersion)입니다. 학습자가 학습에 흥미를 가지고 몰입할 수 있는 학습 경험을 제공합니다. **셋째**, 다양한 학습자를 고려하여 데이터 기반(Diversity & Data-driven)의 학습 활동 및 경험을 제공합니다. **넷째**, 생성형 AI, VR, AR, 메타버스 등 첨단 기술을 접목한 학습 환경을 바탕으로 합니다.

AI 디지털 교과서의 핵심 서비스

학생	교사 	공통
· 학습 진단 및 분석 · 학생별 최적의 학습 경로 및 콘텐츠 추천 · 맞춤형 학습 지원(AI 튜터)	· 수업 설계와 맞춤 처방 지원 (AI 보조교사) · 콘텐츠 재구성.추가 · 학생의 학습 이력 등 데이터 기반 학습 관리	· 대시보드를 통한 학생의 학습 데이터 분석 제공 · 교육주체간 소통 지원 · 통합 로그인 · 쉽고 편리한 UI/UX 구성 및 접근성 보장(UDL, 다국어 지원 등)

출처: 교육부(2023), AI 디지털 교과서 추진 방안

또한 AI 디지털 교과서의 개발 방향을 보면, 학생에게는 학생 맞춤 교육이 가능하도록 학습 분석 결과에 따라 보충 및 심화학습 등 흥미와 학습 동기 부여, 자기주도학습을 지원합니다. 특히 학습자 간 활발한 상호 작용, 학습자의 학습 목표 등을 고려한 AI의 학습 콘텐츠 추천, 학습자의 기본 개념 이해 및 활용 등 학습자 주체성이 보장될 수 있는 방향으로 개발됩니다. 교사에게는 교사의 수업 설계에 따라 콘텐츠를 재구성하고 추가할 수 있도록 하며, 학생의 학습 상황 및 감정 모니터링 결과에 따라 학습을 관리할 수 있는 기능도 포함하고 있습니다.

특히 AI 디지털 교과서는 2022 개정 교육과정에 근거하여 학습 분석 결과에 따라 보충학습(느린학습자)과 심화 학습(빠른학습자)을 제공할 수 있도록 개발되었습니다. 느린학습자에게는 학생의 학생 수준에 맞는 기본 개념 중심의 콘텐츠를 추천하고 필요한 경우 학습결손을 해소할 수 있는 학습 자료를 제공합니다. 또한 학습 분석 결과 등을 교사와 학부모, 학습 지원 담당 교사에게 제공하여 기초학력 보장을 지원받을 수 있도록 합니다. 해당 교육과정의 기본 학습 내용을 충분히 소화한 빠른학습자에게는 토론, 논술 과제 등 심화학습 콘텐츠의 제공이 가능합니다.

본 챕터에서는 수학과 AI 디지털 교과서를 살펴보고 느린학습자를 어떻게 지원할 수 있을지 생각해 보도록 합니다.

수학과 AI 디지털 교과서를 살펴봐요

교과서민원바로처리센터(https://www.textbook114.com/index.jsp)에 접속하여 웹 전시되어 있는 AI 디지털 교과서를 살펴봅시다.

01 ▶ 개발된 AI 디지털 교과서를 확인하고 싶다면 교과서민원바로처리센터의 "AI 디지털 교과서 웹 전시 시스템"을 클릭합니다.

02 ▶ 로그인 화면 하단 좌측에 있는 [회원가입] 버튼을 클릭합니다.

03 ▶ 회원가입 절차에 따라 회원가입을 실시합니다. 현재 AI 디지털 교과서 웹 전시본 접근 권한은 교사만 가지고 있으며, 부여받은 인증번호를 통해 회원가입을 마무리할 수 있습니다.

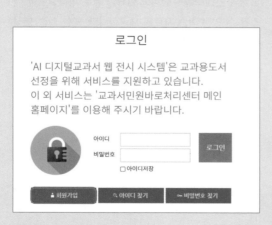

TIP

AIDT와 교육디지털원패스

교육디지털원패스란? 교직원 및 학생이 하나의 아이디로 교육디지털원패스와 연계된 교육관련 사이트를 이용할 수 있는 다양한 인증 수단을 제공하는 플랫폼입니다. 간편 로그인을 통해 교육 관련 사이트에 편리하게 회원가입하고 정확한 학생 정보를 제공하여 온라인 학생 신분 확인이 가능합니다.

2025년 AI 디지털 교과서 서비스가 본격적으로 시작되면 교사, 학생은 교육디지털원패스를 통해 접속하여 수업을 진행할 수 있습니다. **현재는 웹 전시본을 통해 교사만 AI 디지털 교과서에 접근 가능하며 'AI 디지털 교과서 웹전시 시스템 인증번호'가 필요합니다.**

04 교사로 로그인한 뒤 보이는 메인 화면입니다. 학교급을 선택하고 교과를 선택해 AI 디지털 교과서를 확인할 수 있습니다. 원하는 학교급을 정하고, 수학과 교과를 선택한 뒤 원하는 출판사의 AIDT를 클릭합니다. 예시에서는 초등학교 4학년 2학기 YBM 수학 교과에 들어갔을 때 화면입니다.

교과서민원바로처리센터 AI 디지털교과서 웹전시 시스템

검/인	학교급	발행처	도서명		검색

초등학교	중학교	고등학교

※ 이 페이지는 초등학교, 중학교, 고등학교의 2025년 AI 디지털교과서 선정을 위한 웹 전시기간(2024.12.2.~2025.2.)에만 한시적으로 운영됩니다.

> 검정 도서

교과군		2022 개정 교육과정
수학		공통수학
		수학
영어		공통영어
		영어

05 교사의 AIDT 샘플 대시보드의 [우리 반] 탭의 모습입니다. 상단에 지난 수업과 진행할 수업에 대한 안내가 나타나 있고, 숙제를 하지 않은 학생이 12명임을 알 수 있습니다.

❶ [학습 현황]을 통해 우리 반 학생의 성취도와 참여도를 산점도 그래프로 확인할 수 있습니다. 참여도는 낮으나 성취도가 높은 학생, 참여도도 낮고 성취도도 낮은 학생, 참여도와 성취도가 모두 높은 학생 등 학습 현황이 다양하게 분포되어 있음을 알 수 있습니다.

❷ [단원별 행동 영역 분석]을 통해 1단원에 대한 학생의 이해 수준, 계산 수준, 추론 수준, 문제 해결 수준의 평균을 알 수 있습니다. 샘플에서 학년 평균은 제시되어 있지 않으나 실제 AIDT 대시보드에서는 학년 평균과 우리 반 평균을 비교할 수 있습니다.

❸ [내용 요소별 성취 요약]에서는 우리 반 학생들이 가장 취약한 수학 개념이 무엇인지 알 수 있으며 [가장 많은 인원이 마스터한 수학 개념]을 통해 우리 반 학생이 1m 알기, 2단 곱셈구구, 5단 곱셈구구를 다른 개념에 비해 잘 알고 있음을 알 수 있습니다.

제일 하단에는 학급 게시판과 반 전체에 부여된 최근 숙제 목록이 보입니다.

06 ▶ 대시보드의 **[학습 현황]** 탭 모습입니다. 우리 반 학생들의 개별 학습 현황을 확인할 수 있습니다.

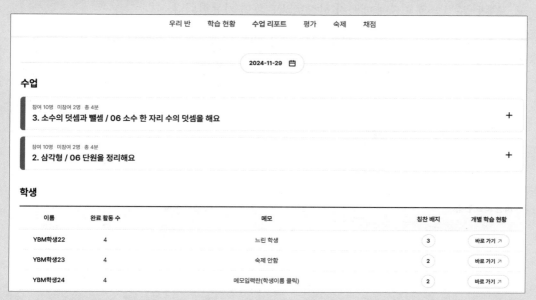

이름	❶ 학습 시간	❷ 잘함/마스터한 개념 수	❸ 숙제 완료율	❹ 평가 평균 점수
YBM학생22	224분	53/22	35.06%	83점
YBM학생23	24분	16/25	5.45%	62점
YBM학생24	35분	1/0	23.64%	27점
YBM학생25	16분	11/43	23.73%	80점
YBM학생26	15분	25/28	21.67%	70점
YBM학생26	0분	0/0	8.89%	0점
YBM학생27	18분	24/13	14.58%	50점
YBM학생28	27분	37/5	8.51%	20점
YBM학생28	0분	0/0	8.51%	0점

❶ **[학습 시간]**을 통해 개별 학생들이 AIDT를 활용한 학습 시간을 확인할 수 있습니다. ❷ **[잘함/마스터한 개념수]**를 통해 잘 알고 있는 개념의 수와 마스터한 개념의 수를 확인할 수 있고, ❸ **[숙제 완료율]**과 ❹ **[평가 평균 점수]**도 확인할 수 있습니다.

07 ▶ **[수업 리포트]** 탭의 모습입니다. 수업에 참여한 학생 수와 미참여 학생 수, 총 시간을 수업 별로 확인할 수 있으며 학생 개별 완료 활동 수와 메모, 칭찬 배지, 개별 학습 현황 바로 가기 등의 기능이 있습니다.

우리 반   학습 현황   수업 리포트   평가   숙제   채점

2024-11-29 📅

수업

참여 10명 미참여 2명 총 4분
3. 소수의 덧셈과 뺄셈 / 06 소수 한 자리 수의 덧셈을 해요   ＋

참여 10명 미참여 2명 총 4분
2. 삼각형 / 06 단원을 정리해요   ＋

학생

이름	완료 활동 수	메모	칭찬 배지	개별 학습 현황
YBM학생22	4	느린 학생	3	바로 가기 ↗
YBM학생23	4	숙제 안함	2	바로 가기 ↗
YBM학생24	4	메모입력란(학생이름 클릭)	2	바로 가기 ↗

08 · 학생 이름을 클릭하면 개별 학생이 완료한 활동에 대한 보다 자세한 정보를 얻을 수 있고 획득한 칭찬 배지가 무엇인지도 자세하게 확인할 수 있습니다. 또한 메모를 통해 학생에 대한 특이사항을 기록할 수 있습니다. 단, 이 메모는 교사 개인 작성용으로 학생에게는 보이지 않습니다.

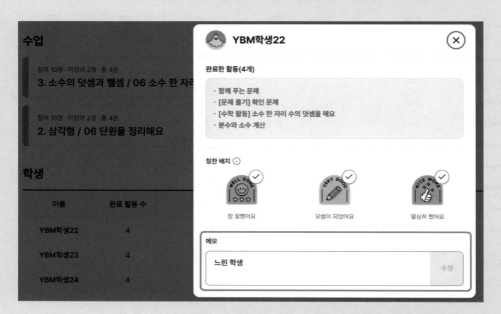

09 · [개별학습현황 바로가기]를 클릭하면 개별 학생의 학습 현황을 보여주는 대시보드를 확인할 수 있습니다. 상단에는 개별 학생의 [학습 시간], [숙제 현황], [AI 자율 학습 현황], [학생 목표 현황], [수집한 배지] 등에 대한 정보가 나타납니다. 피드백 메시지 보내기를 통해 학생과 소통할 수 있고, 그동안 주고받은 피드백 메시지 히스토리도 확인 가능합니다.

10 ▶ 하단에는 개별 학생의 [단원별 평가 현황]과 [단원별 행동 영역 분석]이 있습니다.

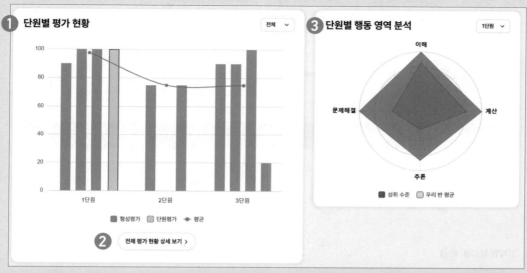

❶ [단원별 평가 현황]에서는 각 단원에서 실시된 형성평가 또는 단원평가의 결과를 막대 그래프로 확인할 수 있고 그래프 하단에 있는 ❷ [전체 평가 현황 상세 보기]를 클릭하면 각 평가평, 평가종류, 평가 제출일, 점수, 반 평균, 학생 답안 등에 대한 정보를 확인할 수 있습니다.

❸ [단원별 행동 영역 분석]에서는 각 단원별 이해 성취 수준, 계산 성취 수준, 추론 성취 수준, 문제 해결 성취 수준에 대한 정보를 얻을 수 있습니다.

11 ▶ [평가] 탭의 모습입니다. 실시한 평가에 대한 자세한 정보를 확인할 수 있습니다. 예를 들어, 진단평가를 클릭해 봅니다.

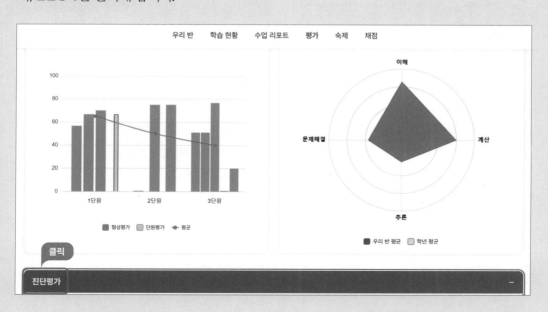

12 진단평가 요약 정보(오픈일, 완료 인원, 평균 점수, 평균 소요 시간 등)을 확인할 수 있고 영역별 평균 정답률과 문제별 정답률 등 보다 자세한 정보를 얻을 수 있습니다.

❶ [문제별 정답률]에서는 각 문제의 정답률, 정답 학생 수, 평가 목표, 성취 기준, 오답 학생 정보를 확인할 수 있습니다. 문제별 정답률의 문제 번호를 누르면 우측에 선택 문항에 대한 자세한 정보를 살펴볼 수 있습니다.

❷ [학생 개별 현황]을 클릭하면 학생별 점수, 소요 시간, 제출일 등과 같은 정보를 확인할 수 있습니다.

13 [숙제] 탭의 모습입니다. 숙제 부여일, 숙제 종류, 숙제명, 활동 수, 마감 기한 완료 여부 등 학생에게 내 준 숙제에 대한 전반적인 정보를 확인할 수 있습니다. [+숙제 생성] 버튼을 누르면 숙제를 부여할 수 있는 페이지로 이동합니다.

우리 반	학습 현황	수업 리포트	평가	숙제	채점		

반 전체 | 개인 | | | | | + 숙제 생성 |

숙제 부여일	숙제 종류	숙제명	활동 수	마감 기한	완료	
2024.12.21	개별 맞춤 숙제	[개념 익힘] 정삼각형의 성질을 알아봐요 + 개별 맞춤 숙제	1	2024.12.29	- / 1	⋮
2024.12.19	AI 자율 학습 숙제	AI 자율 학습	7	2024.12.22	- / 12	⋮
2024.12.19	AI 자율 학습 숙제	AI 자율 학습	5	2024.12.22	- / 12	⋮
2024.12.18	AI 자율 학습 숙제	AI 자율 학습	10	2024.12.21	- / 12	⋮
2024.12.18	AI 자율 학습 숙제	AI 자율 학습	5	2024.12.21	- / 12	⋮
2024.12.18	일반 숙제	[수학 활동] 소수 한 자리 수의 덧셈을 해요 외	2	2024.12.21	- / 12	⋮
2024.12.17	개별 맞춤 숙제	[개념 익힘] 이등변삼각형의 성질을 알아봐요 + 개별 맞춤 숙제	1	2024.12.24	- / 1	⋮
2024.12.16	AI 자율 학습 숙제	AI 자율 학습	1	2024.12.19	1 / 12	⋮
2024.12.16	일반 숙제	[문제 풀기] 확인 문제	1	2024.12.19	- / 12	⋮
2024.12.14	AI 자율 학습 숙제	AI 자율 학습	2	2024.12.17	1 / 12	⋮

14 [채점] 탭의 모습입니다. [채점/정정] 버튼을 누르면 학생 목록 및 채점 상태와 채점/정정 일을 확인할 수 있습니다. 해당 창에서 [채점 필요]를 클릭하면 채점을 진행할 수 있고, 정정하고 싶은 경우 [완료]를 클릭해 정정을 진행할 수 있습니다.

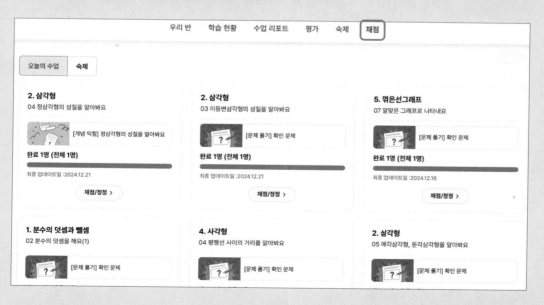

느린 학습자를 지원해요

01▶ 예를 들어, 다음과 같은 학습자가 있다고 가정하고, 학습자 개인 대시보드의 상단 정보를 보며 학생의 학습 현황에 대해 살펴봅니다. 학습 시간, 숙제 현황, AI 자율 학습 현황 등의 정보를 먼저 확인합니다. 기초 수학 개념 수준을 알아보기 위해 **[AI 자율 학습 현황]**을 클릭해 봅니다.

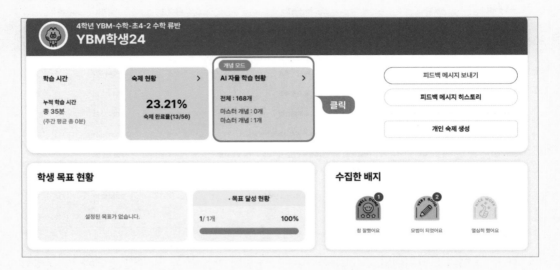

02▶ 자율 학습 현황을 보면 대체적으로 학습 초기이거나 학습 중으로 마스터한 개념이 거의 없음을 알 수 있습니다. 기본적으로 학습을 성실하게 하지 않았음을 알 수 있습니다.

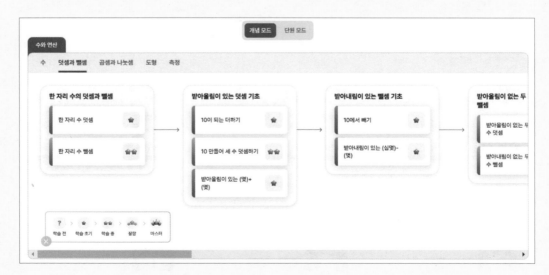

03 학습자 개인 대시보드의 하단 정보를 살펴봅니다. 단원별 평가 현황에 대해 보다 상세한 정보를 얻기 위해 하단에 있는 **[전체 평가 현황 상세 보기]**를 클릭합니다.

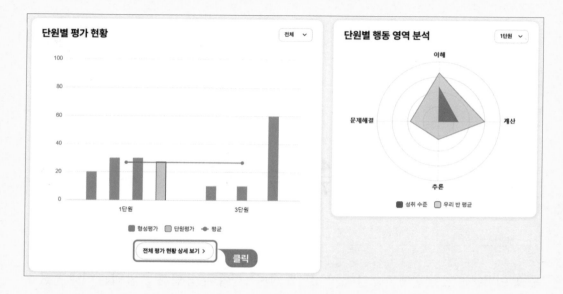

04 반 평균에 비해 해당 학습자의 점수가 대체적으로 많이 낮음을 확인할 수 있습니다. 우측에 있는 **[확인하기]** 버튼을 클릭합니다.

평가명	평가 종류	평가 제출일	점수	반 평균	학생 답안
[개념 익힘] 분수의 덧셈을 해요(2)	형성평가	2024.11.25	20	56.67	확인하기 ↗
[개념 익힘] 분수의 뺄셈을 해요(1)	형성평가	2024.11.25	30	66.67	확인하기 ↗
[개념 익힘] 분수의 뺄셈을 해요(2)	형성평가	2024.11.25	30	70	확인하기 ↗
[단원 확인] 분수의 덧셈과 뺄셈	단원평가	2024.11.25	27.27	66.67	확인하기 ↗

05 학습자가 틀린 문항이 무엇인지 확인할 수 있습니다.

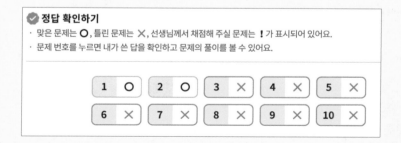

06 학습자가 쓴 오답을 확인해 어떤 개념이나 원리를 습득하지 못했는지 확인할 수 있습니다.

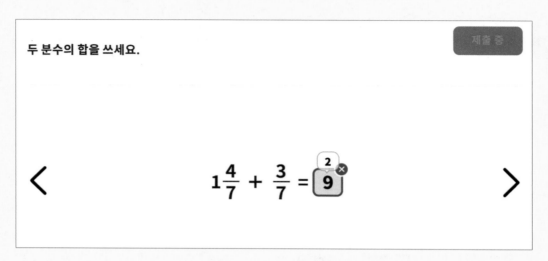

07 이번에는 단원별 행동 영역 분석 정보를 살펴봅니다. 우리 반 평균에 비해 이해 성취 수준, 계산 성취 수준, 추론 성취 수준, 문제 해결 성취 수준 등 모든 영역에서 어려움을 겪고 있음을 알 수 있습니다.

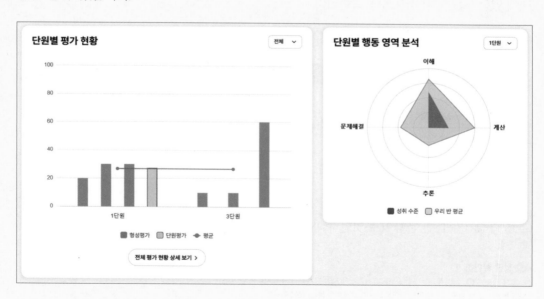

08 학습자 개인 대시보드 상단 아래에 있는 [개인 숙제 생성] 버튼을 클릭합니다.

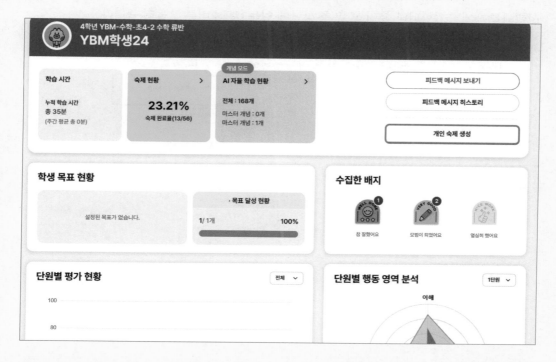

09 학습자에게 개인 숙제를 만들어 줍니다. 마감 기한을 정하고 일반 숙제 또는 AI 자율 학습 숙제 중 하나를 선택합니다. 만약 일반 숙제를 선택했다면 아래에 숙제를 추가할 수 있습니다.

10 ▶ 오른쪽에 있는 수업 활동, 추가 활동, 내 자료 등에서 숙제로 내줄 영상이나 학습지 등을 선택해 숙제에 추가합니다. 추가 후 우측 상단에 있는 [저장] 버튼을 눌러 줍니다.

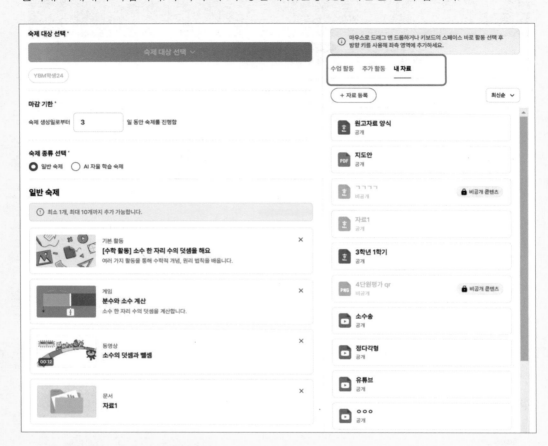

11 [숙제] 탭에서 방금 출제한 개인 숙제를 확인할 수 있습니다. 반 학생 전체에게 숙제를 내줄 수 있고, 느린학습자 또는 빠른학습자에게 개인 숙제를 통해 맞춤형 학습을 지원할 수 있습니다.

| 우리 반 | 학습 현황 | 수업 리포트 | 평가 | 숙제 | 채점 |

| 반 전체 개인 | | | | | +숙제 생성 |

숙제 부여일	숙제 대상	숙제명	활동 수	마감 기한	완료
2024.12.22	YBM학생24	[수학 활동] 소수 한 자리 수의 덧셈을 해요 외	4	2024.12.25	미완료
2024.12.21	YBM학생24	AI 자율 학습	10	2024.12.24	미완료
2024.12.20	YBM학생22	AI 자율 학습	5	2024.12.23	미완료
2024.12.19	YBM학생26외 3명	[단원 확인] 보충	1	2024.12.22	미완료
2024.12.19	YBM학생22	AI 자율 학습	-	2024.12.22	완료
2024.12.19	YBM학생22	AI 자율 학습	3	2024.12.22	미완료
2024.12.18	YBM학생22	AI 자율 학습	4	2024.12.21	미완료
2024.12.17	YBM학생22	AI 자율 학습	1	2024.12.20	완료
2024.12.15	YBM학생26외 10명	AI 자율 학습	-	2024.12.18	완료
2024.12.13	YBM학생26	AI 자율 학습	2	2024.12.18	미완료

12 개인 숙제 출제 후 개인 대시보드 상단에 있는 [피드백 메시지 보내기] 버튼을 눌러 학습을 응원하고 지지하는 메시지를 보내 학습자의 정서적 측면을 지원해 줄 수도 있습니다.

4학년 YBM-수학-초4-2 수학 류반
YBM학생24

학습 시간
누적 학습 시간
총 35분
(주간 평균 총 0분)

숙제 현황 >
23.21%
숙제 완료율(13/56)

개념 모드
AI 자율 학습 현황 >
전체 : 168개
마스터 개념 : 0개
마스터 개념 : 1개

피드백 메시지 보내기
피드백 메시지 히스토리
개인 숙제 생성

학생 목표 현황
설정된 목표가 없습니다.

· 목표 달성 현황
1/ 1개   100%

수집한 배지
참 잘했어요   모범이 되었어요   열심히 했어요

단원별 평가 현황   전체 ⌄
100

단원별 행동 영역 분석   1단원 ⌄
이해

AI 디지털 교과서를 활용한 수업

디지털 교과서와 AI 디지털 교과서를 비교해 볼까요?

디지털 교과서, AI 디지털 교과서에 대해 알려 주세요.

디지털 교과서는 서책형 교과서 내용에 용어사전, 멀티미디어 자료, 실감형콘텐츠, 평가문항, 보충·심화학습 자료 등 풍부한 학습 자료와 학습 지원 및 관리 기능이 추가된 학생용 교재입니다. 이에 반해 AI 디지털 교과서는 인공지능을 포함한 지능정보화기술을 활용하여 다양한 학습 자료 및 학습 지원 기능 등을 탑재한 교과서로서 AI에 의한 학습진단과 분석이 가능하며, 개인별 학습 수준과 속도를 반영한 맞춤형 학습이 가능하도록 설계되었습니다. 특히 학생의 학습 이력 등 데이터 기반의 학습 관리가 가능하다는 장점을 가지고 있습니다.

디지털 교과서와 AI 디지털 교과서는 어떻게 다른가요?

디지털 교과서는 간접 체험이 가능한 여러 가지 형태의 자료를 제공하고, 다양한 형성 평가, 단원 정리용 자료를 제공하며 학생이 학교와 가정에서 시·공간적 제한 없이 활용 가능한 장점을 가지고 있습니다. 또한 학습 커뮤니티인 위두랑을 활용해 학습과 관련된 다양한 정보를 주고받을 수 있습니다. 하지만 서책형 교과서에 학습 자료와 학습 지원 및 관리 기능을 추가하다 보니 서책형 교과서와 내용적 차별이 부족하고, 교사의 내용 재구성이 어려울 뿐 아니라 동일한 내용을 모든 학생이 학습해야 하므로 학생 맞춤 학습이 불가하다는 한계가 있습니다.

이에 반해 AI 디지털 교과서는 교사가 추가 또는 재구성할 수 있도록 설계되었고, 학생의 학습 데이터를 분석한 결과를 바탕으로 각기 다른 학습 경로를 제공하는 등 학생별 맞춤형 콘텐츠 제공이 가능합니다. 또한 학생별 학습 데이터의 축척 및 분석 체계 마련으로 데이터의 체계적 누적 및 관리가 가능하며 데이터 분석 결과를 대시보드를 통해 전달함으로써 학생의 학습 현황을 보다 과학적, 객관적으로 분석할 수 있게 됩니다. 이를 통해 선생님과 학생 간의 소통은 강화되고, 학부모는 자녀의 학습 진도와 성취도에 대한 객관적인 정보를 얻을 수 있습니다. 이는 궁극적으로 교육의 획일화를 지양하고, 모든 학생들이 학습에 성공할 수 있는 "모두를 위한 맞춤 교육의 실현"을 지원한다는 의미입니다.

AI 디지털 교과서를 활용한 수업

관련교과	시간	관련 학습 요소	디지털 리터러시				인공지능 리터러시			
			디지털 정보 리터러시	디지털 의사소통	디지털 창의성	디지털 안전	인공지능 이해	인공지능과의 상호 작용	데이터 이해	인공지능의 사회적 영향
수학	2차시		V	V				V		

학습 주제	정상각형의 성질 알아보기
2022 교육과정	[수학] [4수03-08] 여러 가지 모양의 삼각형에 대한 분류 활동을 통하여 이등변삼각형, 정삼각형을 이해하고, 그 성질을 탐구하고 설명할 수 있다.
학습 도구	노트북 또는 태블릿, 필기구

교수·학습 활동 요약

동기 유발	· 멘티미터를 활용해 덧셈과 뺄셈 깜짝 퀴즈 문제 풀기
학습 활동	[학습 목표] **정상각형의 성질 알아보기** **사전 활동) AI 디지털 교과서의 [진단평가] 문항 풀기** · AI 디지털 교과서에 선생님이 내준 진단평가 4개 문항 문제 풀기 · 미러링을 통해 선생님과 함께 진단평가 문제 풀기 **활동 1) 색종이를 접어서 정삼각형 만들기** · 색종이로 접은 정삼각형 접기 · 접은 색종이를 보며 정삼각형의 성질 알아보기 　예 정삼각형은 세 개의 각을 가지고 있고 세 각은 모두 60도 **활동 2) 정삼각형의 성질을 이용해 삼각형 그리기** · 정삼각형의 성질을 이용해 삼각형 그려보기 · 정삼각형의 성질 정리하기 **활동 3) AI 디지털 교과서의 [형성평가] 문항 풀기** · 10개의 문항 중 9개 이상 정답을 맞춘 학생 그룹을 1그룹, 5~8개를 맞춘 학생 그룹을 2그룹, 4개 이하로 맞춘 학생 그룹을 3그룹으로 나눈다. · (그룹별 지도) AI 디지털 교과서에서 그룹별로 과제를 제시하여 수준별 맞춤 지도를 실시한다. <table><tr><td>1그룹</td><td>AI 디지털 교과서에서 선생님이 내준 심화 문제를 해결한다. (교사: 숙제 생성 > 내 자료 > 자료 등록 > 저장)</td></tr><tr><td>2그룹</td><td>AI 디지털 교과서에서 선생님이 내준 확인 문제를 해결한다. (교사: 숙제 생성 > 수업 활동 > 확인 문제 선택 > 저장)</td></tr><tr><td>3그룹</td><td>AI 디지털 교과서에서 선생님이 내준 보충 문제를 해결한다. (교사: 숙제 생성 > 추가 활동 > 보충 문제 선택 > 저장) 또는 (교사: 숙제 생성 > 수업 활동 > 정삼각형의 성질 동영상 선택 > 보충 문제 선택 > 저장)</td></tr></table>
학습 정리	· 오늘 배운 내용 정리하기
평가	· (자기평가) AI 디지털 교과서에 제시된 과제와 평가를 평가 일정에 맞게 잘 해결했는지 스스로 확인하기

제3부

생성형 AI를 활용한 신기한
디지털 수업

Chapter 10

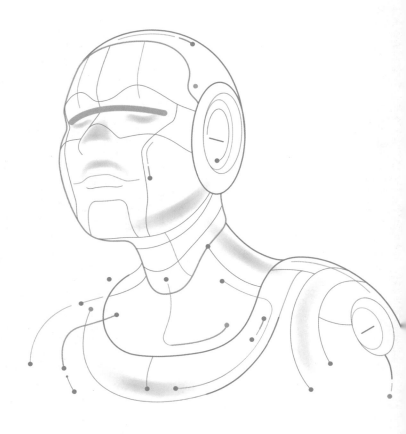

Invideo로
재미있는 인공지능
윤리 수업

인공지능 윤리 교육,
어떻게 할까요?

인공지능 기술이 더 많이 발전할수록, 우리 생활 속 깊이 들어올수록 인공지능 윤리 교육에 대한 목소리는 높아집니다. 인공지능 시스템을 책임감 있게 개발하거나 사용하지 않으면 편향된 결정을 내리거나 개인정보를 침해하는 등 우리 사회에 해로운 결과를 가져올 수 있기 때문입니다. 우리나라의 경우 2020년에 "인공지능 윤리기준"을 수립하여 발표한 바 있습니다. '인간성을 위한 인공지능(AI for Humanity)'을 위한 3대 원칙으로서 **첫째**, 인간의 존엄성 원칙, **둘째**, 사회의 공공선 원칙, **셋째**, 기술의 합목적성 원칙을 제시하고 있습니다. 또한 이를 지키기 위해 인권 보장, 프라이버시 보호, 다양성 존중, 침해 금지, 공공성, 연대성, 데이터 관리, 책임성, 안전성, 투명성을 10대 핵심 요건으로 내세우고 있습니다. 이는 인공지능의 개발과 적용에 있어 긍정적이고 책임감 있는 방식으로 인류의 발전에 기여할 수 있도록 하기 위함입니다.

특히 생성형 AI의 활용이 급속도로 진행되며 불거지는 다양한 윤리적 문제와 범죄로의 확대는 우리 사회에 인공지능 윤리 교육이 더욱 필요함을 일깨워주고 있습니다. 손쉽게 접할 수 있는 생성형 AI 도구는 인간이 꿈꾸고 상상하는 이미지와 영상을 드라마틱하게 구현할 수 있도록 도와줌으로써 그들의 창의성에 날개를 달아주고 있는 반면 이를 상업적으로, 혹은 범죄에 활용함으로써 누군가에게는 치명적인 상처와 피해를 입히기도 합니다. 미국 사이버 보안 업체인 '시큐리티 히어로'가 발표한 '2023 딥페이크 현황 보고서'에 따르면 전세계 딥페이크 음란물 대상 중 53%가 한국인으로 가짜 음란물을 생성, 유포하는 세계적인 문제의 진앙지를 한국으로 지목하고 있습니다. 이는 기술의 빠른 발달 속도에 비해 인공지능 윤리 교육이 이에 따라가지 못함을 증명합니다.

따라서 본 챕터에서는 생성형 AI로 영상을 만드는 수업을 하며 자연스럽게 인공지능 윤리 교육을 할 수 있는 방법에 대해 알아보고자 합니다. 학생들이 영상을 만드는 생성형 AI 도구를 배우되, 이를 악용하는 일이 어떤 피해를 야기할 수 있는지를 동시에 경험함으로써 생성형 AI 도구를 올바르게 사용하도록 할 수 있습니다.

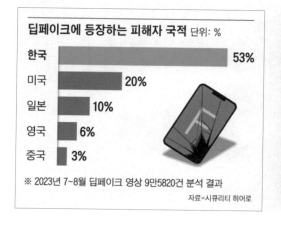

딥페이크에 등장하는 피해자 국적 단위: %

한국	53%
미국	20%
일본	10%
영국	6%
중국	3%

※ 2023년 7~8월 딥페이크 영상 9만5820건 분석 결과

자료=시큐리티 히어로

DEEPFAKE

기사 출처: 조선일보(https://news.nate.com/view/20240831n00455)

생성형 AI를 통한
영상 제작의 즐거움

디지털 전환 시대에 영상은 말이나 그림으로는 비교할 수 없는 방식으로 사람들의 관심을 끌고, 복잡한 아이디어를 전달하며, 감정을 불러일으키는 가장 매력적인 커뮤니케이션이라 볼 수 있습니다. 그러나 전통적인 방법을 사용한 영상 제작은 시간이 많이 걸릴뿐 아니라 기술적으로 까다로우며 비용 또한 많이 듭니다. 이는 높은 창의성과 전문 기술 지식이 혼합되어 있는 전문가의 영역으로서 대중화되기 매우 어려운 조건을 갖추고 있습니다.

하지만 생성형 AI의 등장은 이러한 장벽조차 무색하게 만들었습니다. 생성형 AI는 누구나 쉽게 영상 제작에 접근할 수 있도록 함으로써 영상 제작 시장에 큰 변화를 일으키고 있습니다. 특히 Invideo AI와 같은 플랫폼을 사용하면 인공지능의 힘을 활용해 영상 제작 프로세스를 단순화하고, 광범위한 기술 없이도 전문가 수준의 영상을 빠르고 쉽게 창작할 수 있습니다.

기본적으로 영상 제작 분야의 생성형 AI는 기존의 비디오, 이미지, 스크립트 등 방대한 양의 데이터를 분석하여 일관되고 시각적으로 매력적이며 사용자 요구 사항에 맞는 새로운 콘텐츠를 만들어 냅니다. 비즈니스 홍보 콘텐츠에서부터 교육용 동영상, 매력적인 소셜 미디어 게시물 등 생성형 AI는 매우 빠른 속도와 꽤 높은 퀄리티로 인간의 아이디어를 현실로 구현해 줍니다. 이 기술의 진정한 가치는 우리의 시간을 아껴주고 비용을 낮춰 줄 뿐 아니라 우리의 창의성을 극대화시켜 주는데 있습니다.

이번 챕터에서는 Invideo AI로 원하는 영상을 만들어 내는 과정을 통해 최첨단 기술이 어떻게 매력적인 영상을 만들어 내는지를 체험하게 됩니다. AI 기반 영상 제작의 세계를 탐험하면서 기술과 창의성이 어떻게 협력하여 쉽고 빠르게, 놀라운 영상을 제작할 수 있는지 살펴보도록 합니다.

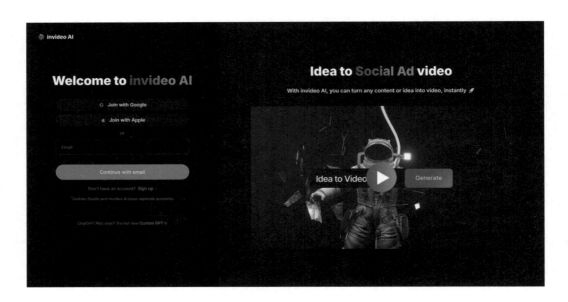

출처: 인비디오 AI(https://ai.invideo.io/login)

수업을 준비해요

간단한 텍스트와 음성만으로도 전문가 수준의 영상을 손쉽게 제작할 수 있는 Invideo AI에 대해 알아봅니다. Invideo AI를 활용하기 위해서는 먼저 회원가입을 해야 합니다.

01 메인 화면에서 회원가입을 하기 위해 하단에 있는 '**Sign up**' 버튼을 클릭합니다.

02 구글이나 애플 계정 또는 이메일을 입력하고 [**Create account**] 버튼을 클릭합니다.

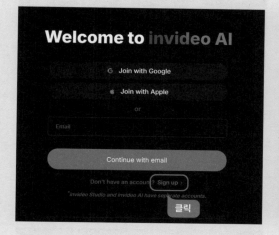

03 구글이나 애플이 아닌 이메일 계정을 선택했다면 입력한 메일로 로그인 코드 번호가 전송됩니다.

04 전송된 로그인 코드 번호를 입력하고 [**로그인**] 버튼을 클릭합니다.

05 계정 이름과 워크스페이스 이름을 입력한 뒤 [Continue] 버튼을 클릭합니다.

06 Invideo AI를 알게 된 경로가 무엇인지 입력합니다.

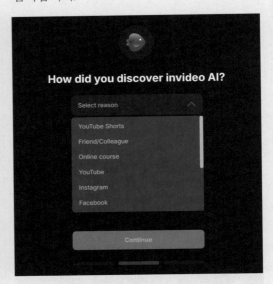

07 학문, 비즈니스, 영화 제작 등 주요 사용 분야를 정하고 [Continue] 버튼을 클릭합니다.

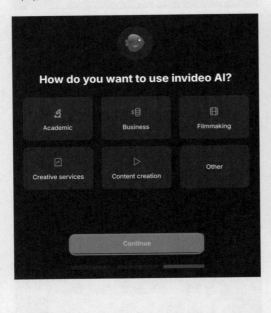

08 프롬프트를 작성할 수 있는 메인 화면이 나타납니다.

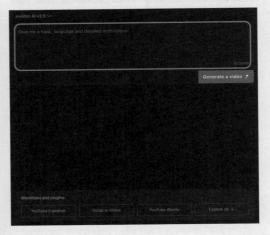

프롬프트를 작성해요

01 구글 Gemini를 활용해 영상을 만드는 데 필요한 프롬프트를 작성해보겠습니다.
검색 창에 구글 제미나이를 검색해 접속하면 아래와 같은 화면이 보입니다.

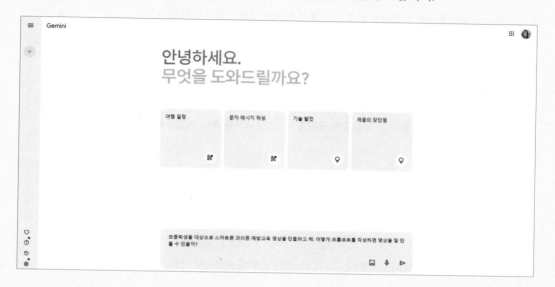

02 다음과 같이 프롬프트를 작성합니다.

"중학생을 대상으로 1) 딥페이크의 개념을 알리고 2) 딥페이크를 악용하는 경우의 위험성과 3) 딥페이크 범죄를 예방하는 방법을 알려주는 인공지능 윤리 교육용 영상을 만들고 싶어. 프롬프트를 어떻게 작성하면 좋을지 알려줘."

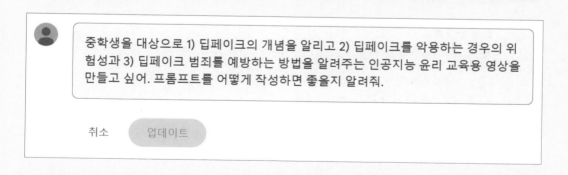

03 Gemini가 작성해준 프롬프트를 꼼꼼하게 읽습니다. 결과가 원하는 대로 나왔다면 복사하고([Ctrl]+[C]), 수정이 필요하다면 원하는 사항을 넣어 다시 한번 더 프롬프트를 작성합니다.

◆ **중학생 대상 딥페이크 윤리 교육 영상 제작을 위한 프롬프트 작성 가이드**

딥페이크는 인공지능 기술을 이용해 특정 인물의 얼굴이나 목소리를 다른 영상에 합성하는 기술입니다. 이러한 기술은 재미있는 콘텐츠 제작에도 활용될 수 있지만, 동시에 개인의 명예를 훼손하거나 불법적인 목적으로 악용될 수도 있습니다.

중학생 대상 교육 영상을 제작할 때는 어려운 전문 용어보다는 쉽고 재미있는 예시와 함께 개념을 설명하고, 학생들이 공감할 수 있는 사례를 통해 위험성을 강조하는 것이 중요합니다.

TIP

영상 프롬프트를 작성할 때에는 다음과 같은 방법으로 해 보세요.

1 타깃팅 설정

영상을 시청하는 구체적인 대상의 나이대를 알려 줍니다. **예** 초등학교 5-6학년

2 핵심 메시지

영상에서 전달하고자 하는 핵심 메시지를 입력해 줍니다. **예** 딥페이크의 위험성과 예방의 중요성을 포함해 줘. 등

3 영상 구성 방법

도입, 전개, 결론 등으로 구성하며 영상의 흐름이 자연스럽게 나타나도록 요청합니다.

예 도입 단계에서 딥페이크의 개념 알리기, 전개 단계에서 딥페이크의 위험성을 사례를 들어 알려주기, 결론 단계에서 딥페이크 예방의 중요성을 알리기 등

4 추가 기능

딥페이크의 과정이 시각적으로 나타나도록 영상에 포함해 달라고 요청하거나 딥페이크를 이용한 범죄 사례를 소개하고 딥페이크 문제 해결을 위해 청소년이 할 수 있는 일을 제시해 달라고 요청하는 등 구체적인 프롬프트를 사용하면 보다 효과적인 영상을 만들 수 있습니다.

영상을 생성해요

01 ▶ 인비디오에 로그인한 후 구글 제미나이에서의 답변을 참고로 하여 다음과 같이 프롬프트를 작성합니다.

> "학교 수업 시간에 사용할 인공지능 윤리 교육용 영상을 만들고 싶어.
>
> 1) 대상 : 중학생
>
> 2) 내용 : 딥페이크의 개념을 알리고, 딥페이크를 악용하는 경우의 위험성과 딥페이크 범죄를 예방하는 방법을 알려주는 내용
>
> 3) 영상 구성 예시
>
>   - 딥페이크란 무엇일까요?
>
>   - 딥페이크가 얼마나 위험한지 알아볼까요?
>
>   - 딥페이크로부터 우리를 지키려면 어떻게 해야 할까요?"

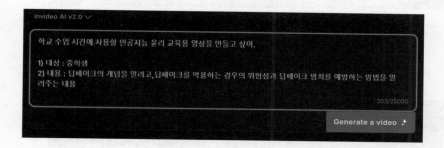

02 ▶ 대상은 중학생, 영상 컨셉은 교육용, 서비스할 플랫폼은 유튜브로 생성할 영상에 대한 기본 설정값을 정합니다. 어떤 영상을 만드느냐에 따라 값은 달라질 수 있습니다.

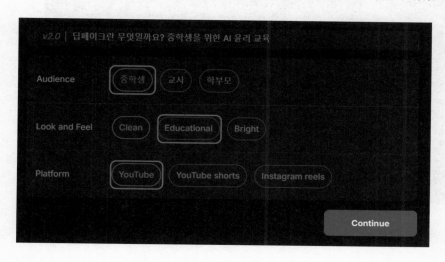

03 ▶ 영상이 만들어지기 시작합니다.

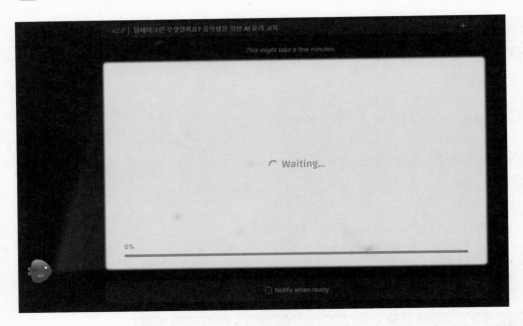

04 ▶ 만들어진 영상을 시청하며 수정할 부분이 없는지 확인합니다. 수정을 하려면 화면 우측 하단에 있는 [Edit] 버튼을 클릭합니다.

05 ▶ 수정 탭에는 [Edit media], [Edit script], [Edit music]이 있습니다.

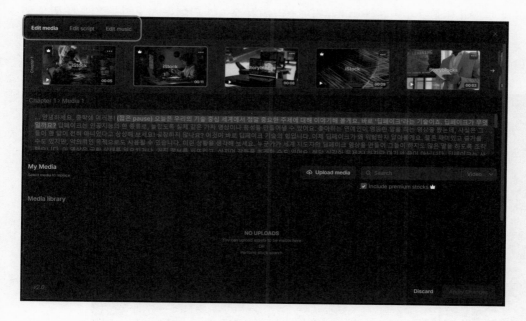

06 ▶ [Edit media]를 누르면 영상이나 이미지를 교체할 수 있습니다. 타임라인에서 교체를 원하는 영상이나 이미지를 선택한 뒤, [Upload Media]를 눌러 자신이 가진 이미지나 영상으로 교체할 수 있고, 검색을 통해서도 다른 이미지나 영상으로 교체할 수 있습니다. 원하는 영상을 선택했다면 우측 하단의 [Apply Changes]를 클릭합니다.

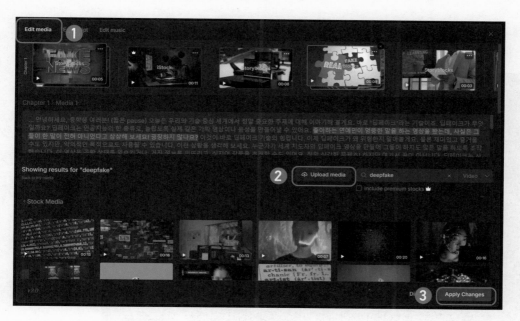

07 ▶ [Edit script]를 누르면 자동으로 생성된 영상의 스크립트를 수정할 수 있습니다. 영어 기반의 플랫폼이기에 영어식 표현이나 부자연스러운 문장이나 단어를 사용하는 경우가 있으므로 꼼꼼하게 읽고 수정합니다. 수정이 완료되면 우측 하단에 있는 **[Apply Changes]**를 클릭합니다.

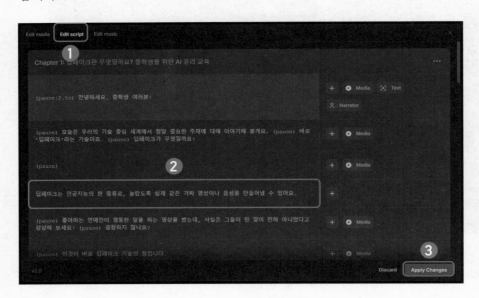

08 ▶ 스크립트를 자막으로 넣고 싶다면 생성된 영상 아래에 있는 프롬프트에 자막을 생성해 달라고 요청합니다.

> "스크립트를 자막으로 넣어 주면 영상을 이해하는 데 도움이 될 것 같아"

09 ▶ 자막이 들어간 것을 확인할 수 있습니다.

10 ▶ [Edit music]을 누르면 영상의 배경 음악을 교체할 수 있습니다. Music library에 있는 다양한 음악 중 선택하여 교체하거나 검색을 통해 원하는 음악으로 바꾼 뒤 [Apply Changes]를 클릭합니다. 음악을 선택할 때는 영상의 전체 길이와 음악의 길이를 고려하도록 합니다.

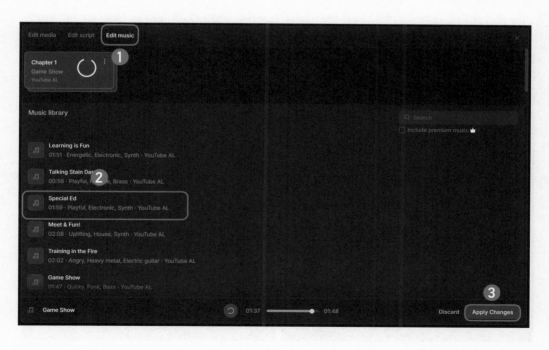

11 ▶ 영상 편집을 모두 완료했다면 [Download] 버튼을 클릭합니다.

12 ▶ 다운로드를 선택하면 워터마크를 표기할 것인지, Invideo 브랜드를 포함할 것인지, 동영상
의 선명도와 품질을 결정하는 해상도 등을 선택하라고 나옵니다. 무료 버전이면서 품질을 높이
려면 "Stock watermarks", "Normal", "1080p"를 선택한 뒤 [Continue] 버튼을 클릭합니다.

13 완성된 영상을 확인할 수 있으며 [Share] 버튼을 눌러 완성한 영상을 공유하거나 영상 파일로 다운로드 받을 수 있습니다.

완성한 영상에서 워터마크를 지우고 싶다면 유료 버전을 사용해야 합니다. Invideo의 요금제를 비교하면 다음과 같습니다.

Free Plan	Plus Plan	Max Plan
매주 AI를 사용해 콘텐츠를 생성할 수 있는 시간이 10분으로 제한	한 달에 50분 동안 AI를 사용해 비디오나 콘텐츠를 생성할 수 있음	한 달에 200분 동안 AI 기반의 비디오 생성 및 편집을 할 수 있는 시간 제공
iStock 라이브러리에서 제한된 이미지와 비디오를 사용	매달 iStock 라이브러리에서 80개의 프리미엄 이미지나 비디오를 다운로드할 수 있음	매달 iStock에서 320개의 프리미엄 미디어를 사용할 수 있음
저장 용량 10GB	저장 용량 100GB	저장 용량 400GB
매주 4개의 비디오를 다운로드할 수 있지만, 모든 비디오에는 Invideo 로고가 삽입됨	비디오를 다운로드할 때 개수 제한이 없으며, Invideo의 로고 없이 비디오를 내보낼 수 있음	무제한 비디오 내보내기 기능을 제공하며, 로고 없이 원하는 만큼 비디오를 다운로드할 수 있음

생성형 AI를 활용한 인공지능 윤리 수업

생성형 AI를 활용한 인공지능 윤리 수업 설계 시 주의할 점과 효과적인
활용 방법은 무엇인가요?

생성형 AI를 활용한 인공지능 윤리 수업을 설계하려고 할 때 무엇을 주의해야 할까요?

생성형 AI를 사용하여 인공지능(AI) 윤리 수업을 설계하는 것은 건강한 인공지능 시대를 위한 기회
이자 도전입니다. 생성형 AI를 활용한 수업에서 지나치게 도구의 기능을 익히는데 집중하지 않도록
다음과 같은 점에 유의하도록 합니다.

- **학습 목표의 명확성:** 수업을 통해 성취하고자 하는 학습 목표를 명확하게 합니다.

- **학생 참여:** 학생들이 생성형 AI를 활용해 결과물을 만드는 과정에 적극적으로 참여하도록 수
업을 설계해야 합니다.

- **학생 평가:** 학생을 평가할 때 생성형 AI 도구를 사용해 콘텐츠를 생성하는 능력에 초점을 맞추
기보다 그 과정에서 비판적 사고를 했는지, 윤리적 추론 능력을 발휘했는지를 확인합니다.

**학생들이 인공지능 윤리 원칙을 잘 이해할 수 있도록 하기 위해 생성형 AI를 효과적으로
활용할 수 있는 방법은 무엇일까요?**

학생들이 AI 윤리 원칙을 잘 이해하도록 돕기 위해 생성형 AI를 효과적으로 사용할 수 있는 방법은
다음과 같습니다.

- **현실적인 윤리적 시나리오 생성:** 편향된 알고리즘이나 개인정보 침해와 관련된 시뮬레이션
시나리오를 생성하여 학생들이 이러한 상황을 비판적으로 평가하고 윤리적인 솔루션을 제안
할 수 있도록 합니다.

- **윤리적 문제에 대한 생성형 AI 콘텐츠 분석:** 학생들이 잘못된 정보나 딥페이크 또는 표절과 같
은 잠재적인 윤리적 문제가 포함된 생성형 AI 콘텐츠를 비판적으로 평가하는 기회를 가질 수 있
도록 합니다.

Invideo를 활용한 인공지능 윤리 수업

관련교과	시간	관련 학습 요소	디지털 리터러시				인공지능 리터러시			
			디지털 정보 리터러시	디지털 의사소통	디지털 창의성	디지털 안전	인공지능 이해	인공지능과의 상호 작용	데이터 이해	인공지능의 사회적 영향
실과/ 정보/도덕	2차시		v	v	v	v	v	v		v

학습 주제	생성형 AI를 활용해 딥페이크 범죄 예방 영상 만들기

2022 교육과정	[실과] [6실05-05] 인공지능이 만들어지는 과정을 체험하고, 인공지능이 사회에 미치는 영향을 탐색한다. [정보] [9정04-05] 인공지능 학습에 필요한 데이터의 수집과 활용에서 발생하는 윤리적인 문제의 해결 방안을 구상한다. [도덕] [9도03-07] 현대 과학기술과 관련된 윤리적 쟁점의 분석을 통해 과학기술의 유용성과 한계를 인식하고, 과학기술의 바람직한 활용에 관한 관심과 책임 의식을 기른다.

학습 도구	노트북 또는 태블릿, 필기구

교수·학습 활동 요약

동기 유발	• 딥페이크로 인한 범죄 뉴스 영상 보기

학습 활동	**[학습 목표]** **생성형 AI를 활용해 딥페이크 범죄 예방 영상 만들기** **활동 1) Invideo 회원가입 및 사용 방법 알아보기** • Invideo 활용법을 익혀봅시다. • Invideo 사이트에 접속하여 회원가입 및 로그인을 해 봅시다. • Invideo를 활용해 영상 생성하는 방법을 알아봅시다. **활동 2) 구글 Gemini를 활용해 영상 생성을 위한 프롬프트 작성하기** • 원하는 영상을 생성하기 위해 프롬프트를 어떻게 작성해야 하는지 구글 Gemini에서 물어봅시다. • 구글 Gemini의 답을 보고 좀 더 구체적으로 질문하여 작성할 프롬프트를 완성해 봅시다. **활동 3) Invideo를 활용해 딥페이크 범죄 예방 영상 만들기** • 프롬프트를 입력하여 영상 초안을 만들어 봅시다. • 완성된 영상을 보고 어떤 부분에서 수정이 필요한지 찾아봅시다. • Edit media를 선택해 필요한 이미지나 영상을 교체합니다. • Edit script를 선택해 내레이션을 좀 더 자연스럽게 수정합니다. • Edit music을 선택해 필요한 음악을 교체합니다. • 수정한 영상이 마음에 든다면 다운로드하여 마무리하거나 친구들에게 공유합니다. • 활동을 통해 느낀 점을 이야기합니다. • 인공지능의 기술이 사회에 미치는 긍정적인 영향과 부정적인 영향에 대해 생각해 보고, 자신의 의견을 친구들 앞에서 발표해 봅시다.

학습 정리	• 오늘 배운 내용 정리하기
평가	• (자기평가) Invideo를 활용해 스스로 원하는 영상을 만들 수 있는지 확인하기

Chapter 11

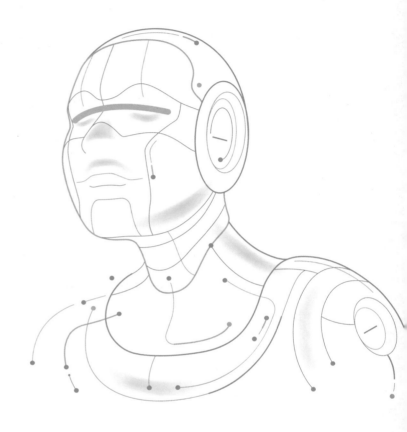

Adobe Firefly로 만드는 AAC 한글 카드

특수 교육 대상자와 디지털 교육

디지털 전환 시대로 접어들면서 교육에서 디지털 기술의 역할이 점점 더 중요해지고 있습니다. 특히 디지털 기술은 다양한 장애를 수용할 수 있는 적응형 학습 경험과 도구를 제공하여 장애로 어려움을 겪는 학생들의 고유한 요구 사항을 충족시켜 줄 수 있다는 측면에서 우리 교육에서 더욱 적극적으로 받아들이고 활용할 필요가 있습니다.

특별한 도움이 필요한 학생을 위한 디지털 교육의 가장 혁신적인 발전 중 하나는 보조 기술의 사용입니다. 신체 장애가 있는 학생의 경우 음성 인식 소프트웨어 및 대체 입력 장치(예 시선 추적 기술 또는 적응형 키보드)와 같은 도구를 사용하여 컴퓨터와 상호 작용하며 독립적으로 과제를 완료할 수 있습니다. 예를 들어, 이동성이 제한된 학생은 전통적으로 글을 쓰거나 입력하는 데 어려움을 겪을 수 있지만, 음성-텍스트 소프트웨어를 사용하여 자신의 생각을 쉽게 전달할 수 있습니다. 이러한 도구는 학생들이 자신의 속도와 능력에 맞춰 학업 과제에 참여할 수 있도록 지원하여 학습 과정에 대한 자신감과 참여를 향상시킵니다.

학습 장애나 발달 장애가 있는 학생들도 각자의 필요에 맞는 디지털 교육 도구를 통해 큰 혜택을 누릴 수 있습니다. 텍스트-음성 변환 소프트웨어와 같은 플랫폼은 난독증이 있는 학생들이 콘텐츠를 큰 소리로 읽어 독해에 더 쉽게 접근할 수 있도록 돕습니다. 복잡한 개념을 시각적 또는 대화형 형식으로 분해하는 앱은 자폐나 주의력 결핍 장애가 있는 학생들이 자신의 인지 스타일에 맞는 방식으로 어려운 자료를 파악하도록 도와줍니다.

또한 가상 교실, 온라인 교육 프로그램 등의 디지털 학습 플랫폼은 기존 수업에 참석하기 어려운 특수 교육 학생에게 유연성을 제공합니다. 이러한 플랫폼을 통해 학생들은 자신의 속도와 일정에 따라 학습할 수 있으며, 수업을 다시 시청하고, 대화형 콘텐츠를 사용하고, 개인화된 피드백을 받을 수 있는 옵션을 제공합니다. 예를 들어, 주의력 문제가 있는 학생은 필요에 따라 수업을 일시 중지하고 다시 들을 수 있는 Khan Academy 또는 Google 클래스룸과 같은 온라인 플랫폼의 이점을 활용할 수 있습니다. 이처럼 디지털 기술을 교육에 효과적으로 통합함으로써 교육자는 모든 학생이 성장할 기회를 가질 수 있는 학습 환경을 조성할 수 있습니다.

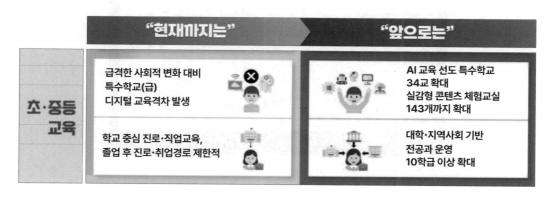

출처: 교육부 공식 블로그(https://if-blog.tistory.com/13832)

대체의사소통 도구,
AAC(Augmentative and Alternative Communication)

의사소통은 인간 상호 작용의 기본이지만, 장애가 있는 이들에게 자신의 생각을 표현하는 것은 쉬운 일이 아닐 수 있습니다. 뇌성마비, 자폐 스펙트럼 장애(ASD) 또는 언어 발달 지연과 같은 질환이 있는 사람들은 언어적 의사소통에 어려움을 겪는 경우가 많으며, 이는 교육적 활동뿐 아니라 일상적인 활동에도 많은 어려움을 야기합니다. 따라서 대체의사소통 도구인 AAC는 음성 언어를 지원하거나 대체하는 다양한 도구와 전략을 제공하여 음성에만 의존할 수 없는 개인이 효과적으로 의사소통할 수 있도록 도움을 줍니다. AAC는 단순한 그림판부터 정교한 디지털 장치까지 다양한 도구를 포함합니다. 이미지나 기호가 포함된 커뮤니케이션 보드와 같은 저기술 솔루션을 사용하면 사용자가 아이콘을 가리키거나 선택하여 메시지를 전달할 수 있으며, 이는 운동 능력이 제한된 개인에게 특히 유용합니다.

반면, 첨단 기술 솔루션에는 사용자가 특정 단어, 기호 또는 문자를 선택할 때 음성 출력을 제공하는 음성 생성 장치(SGD)와 태블릿 기반 앱이 포함됩니다. 예를 들어, 비언어적인 개인을 위해 설계된 인기 앱인 "Proloquo2Go"를 사용하면 사용자가 기호를 탭하여 문장을 구성할 수 있으며, 앱이 이를 소리내어 읽어 줍니다. 이러한 기술은 사용자의 기본적인 의사소통을 지원할 뿐만 아니라 보다 복잡한 상호 작용에 참여하여 다른 사람과 연결하고 커뮤니티에 참여하는 능력을 향상시키는 데에도 도움이 됩니다. AAC 장치를 활용하는 학생들은 질문하고, 토론에 참여하고, 과제를 완료할 수 있는 수단을 가지기 때문에 교실 활동에 참여하고 학업적으로 성공할 가능성을 높입니다. 이처럼 AAC 도구는 의사소통 격차를 해소하여 장애가 있는 개인에게 발언권을 제공하고 더 큰 독립성과 자신감을 키워줍니다. 기술이 계속 발전함에 따라 의사소통에 어려움을 겪는 사람들의 삶의 질을 향상시킬 수 있다는 점이 바로 AAC 도구가 가진 잠재력이라 볼 수 있습니다.

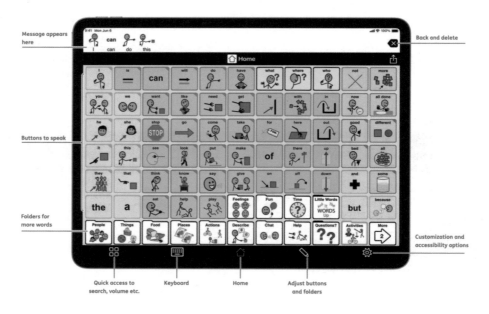

출처: Assistive Ware(https://www.assistiveware.com/products/proloquo2go)

생성형 AI로 시각적 텍스트 만들기

대체의사소통 도구 영역에서 시각적 표현은 개인, 특히 의사소통에 어려움이 있는 사람들에게 아이디어와 개념을 보다 효과적으로 전달하는 데 중요한 역할을 합니다. Adobe Firefly의 텍스트 효과 기능은 쓰여진 단어를 시각적으로 의미 있는 디자인으로 변환하여 커뮤니케이션을 향상시키는 혁신적인 방법을 제공합니다. 이 도구를 사용하면 사용자는 단어를 통해 메시지를 전달할 뿐만 아니라 각 단어를 시각적으로 의미를 나타내는 그림으로 바꾸는 텍스트를 만들 수 있습니다. 예를 들어, "생선"이라는 단어를 생성하고 텍스트 자체가 고등어, 참치 등의 생선으로 구성된 디자인으로 변환해 보는 사람이 즉시 알아볼 수 있도록 할 수 있습니다. 이러한 창의적인 접근 방식은 텍스트와 이미지를 병합하여 다양한 맥락에 대한 강력한 의사소통 수단을 제공합니다.

이렇듯 Adobe Firefly를 단순히 생성형 AI 도구로서 체험하는 것에 만족하지 않고 대체 커뮤니케이션 도구에 통합하면 특히 특수 교육을 받는 학생에게 디지털 기반 교육을 위한 귀중한 리소스를 제공할 수 있습니다. 이러한 시각 자료는 다양한 교육 환경에서 사용될 수 있으므로 교사는 개인의 학습 요구 사항에 맞는 매력적인 대화형 자료를 만들 수 있을 뿐 아니라 이러한 자료 제작에 학생들을 참여시켜 학습자 스스로 자신에게 필요한 의사소통 도구를 만들게 할 수 있습니다. 따라서 본 챕터에서는 대체의사소통 도구로서 NC 문화재단에서 개발한 '나의 AAC'를 체험하고, Adobe Firefly의 텍스트 효과 기능을 활용해 시각적 텍스트 만들기에 대해 살펴보도록 합니다.

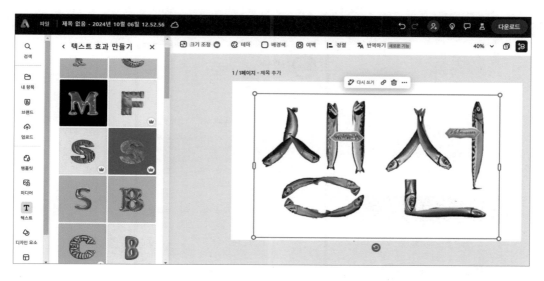

출처: 어도비 파이어플라이(https://firefly.adobe.com/)에서 생성

AAC로 대화해요

나의 AAC 앱을 설치해 비언어적 의사소통을 체험해 봅시다.

01▸ 앱 스토어에서 AAC를 검색한 뒤 "나의 AAC"를 선택해 [설치]를 클릭합니다.

02▸ 회원가입 시 다양한 기능 체험이 가능하므로 [로그인]을 누르고 회원가입을 진행합니다.

03▸ 아이디와 비밀번호를 만들거나 SNS와 연동해 간편 로그인을 진행합니다. '전체 동의하기'를 선택합니다.

04 ▸ [일반회원 가입하기] 또는 [만 14세 미만 가입하기] 중 선택합니다.

05 ▸ [사용자 관리]에서 사용자를 공유하거나 사용자 가져오기 기능을 사용할 수 있습니다. 홈 버튼을 누릅니다.

06 ▸ 다양한 상황판에서 하고 싶은 말을 선택할 수 있습니다.

07 ▶ [긴급어], [인사/사회어], [요청하기], [시간/일정], [감정], [사람/호칭] 등 다양한 상황판에서 원하는 말을 선택할 수 있습니다.

08 ▶ 하고 싶은 말을 다 선택했다면 목소리와 감정을 어떻게 할 것인지 표정 아이콘에서 선택하고, [음성 출력하기] 버튼을 클릭합니다.

텍스트를 시각화해요

사진 보정 및 관리, 영상 편집 및 제작, 이미지 및 텍스트 생성까지 가능한 Adobe Firefly (https://www.adobe.com/kr/products/firefly.html)에 대해 알아봅니다. Adobe Firefly를 활용하기 위해서는 먼저 회원가입을 해야 합니다. 구글 검색 창에서 Adobe Firefly를 검색합니다.

01▶ 메인 화면에서 회원가입을 하기 위해 상단 우측에 있는 [로그인] 버튼을 클릭합니다.

02▶ 구글이나 애플 계정 등 기존 SNS 계정과 연동하여 회원가입을 마무리합니다. 메인 화면에서 Adobe Express를 클릭합니다.

03▶ 메인 화면의 빠른 기능 중 [AI로 생성하기]를 클릭합니다.

04 [이미지 만들기]를 클릭합니다.

05 [이미지 만들기] 아래 왼쪽 프롬프트 창에 원하는 그림을 그려 달라고 요청합니다. 예시에서는 "푸른 언덕에서 신나게 뛰고 있는 귀여운 강아지 한 마리를 그려줘."라고 했습니다. 원하는 텍스트를 그림으로만 표현하고 싶을 때 사용하면 됩니다.

06 요청한 대로 이미지가 만들어지는 것을 확인할 수 있습니다.

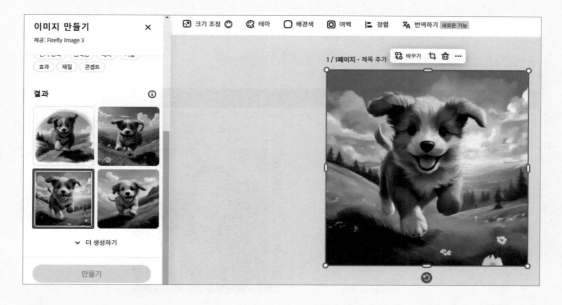

07 효과를 어떻게 지정하느냐에 따라 다른 스타일의 그림으로 바꿔 생성할 수도 있습니다. 예시에서는 그래픽에 픽셀아트 효과로 생성했을 때 나타난 결과입니다.

08 ▶ 이번에는 하고 싶은 말을 그림으로 생성해 보기 위해 [이미지 만들기] 아래 왼쪽 프롬프트 창에 "생일을 맞이한 13살 여자 아이의 모습을 일러스트로 표현해 줘."라고 했습니다. 원하는 그림을 생성하기 위한 프롬프트를 직접 입력하도록 합니다. 이미지가 마음에 든다면 우측 상단에 [다운로드] 버튼을 눌러 이미지를 다운로드합니다.

09 ▶ 다음으로 텍스트를 시각화하는 활동을 하기 위해 시작하기에서 [텍스트 효과 만들기]를 클릭합니다.

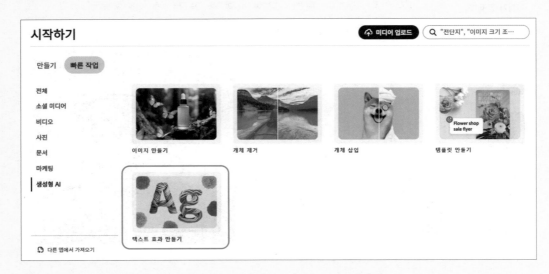

10 ▸ 왼쪽에는 **[텍스트 효과 만들기]**의 메뉴가 있고 오른쪽에는 원하는 글자를 쓰는 메인 페이지가 보입니다.

- 왼쪽 메뉴에서 글꼴을 바꾸거나 글자의 스타일 등을 지정해 줄 수 있습니다.
- 메인 페이지에서 원하는 글자를 쓰고 크기를 크게 또는 작게 만들 수 있습니다.

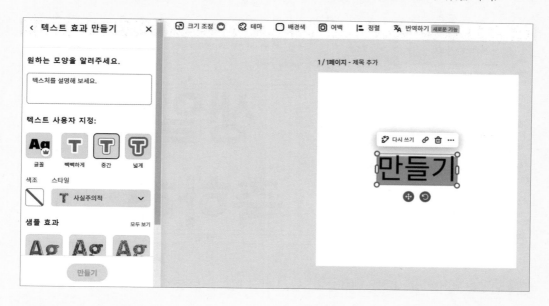

11 ▸ 메인 페이지에 "책"이라고 입력하고, 왼쪽 프롬프트에 "오래된 책"이라고 씁니다. 텍스트가 오래된 책으로 시각화되는 것을 확인할 수 있습니다.

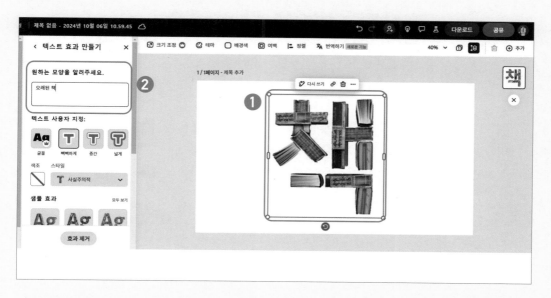

12 이번에는 앞의 활동에서 생성했던 생일 축하 이미지에 넣을 텍스트를 만들기 위해 메인 페이지에는 "생일 축하해"를 입력하고 왼쪽 프롬프트 창에 "생일 파티, 축하 풍선"을 입력합니다. 텍스트에 효과 만들기는 무료로 가능하나, 다운로드는 프리미엄으로 업그레이드해야 사용 가능한 기능입니다.

13 완성한 이미지와 시각적 텍스트로 AAC 한글 카드를 만들기 위해 구글에 로그인한 뒤 구글 슬라이드를 열어 줍니다.

14▶ 슬라이드의 제목을 "AAC 한글 카드"로 입력하고, [삽입]에서 [이미지]–[컴퓨터에서 업로드]를 선택합니다.

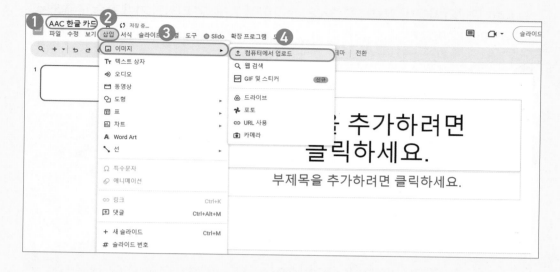

15▶ 다운로드 받은 이미지와 텍스트를 사용해 한글 카드를 완성할 수 있습니다. 필요한 한글 카드를 학생 스스로 만들게 해도 좋습니다.

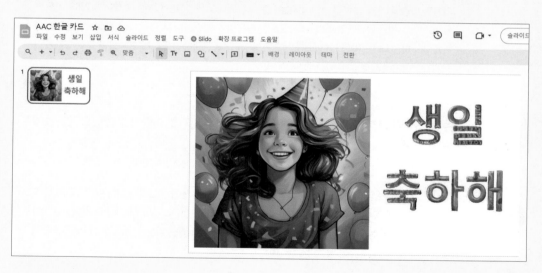

특수교육대상자를 위한 디지털 기반 도구

AAC 도구의 사용이 필요한 학습자는 누구이며, AAC 외 디지털 기반 학습 도구에는 무엇이 있을까요?

AAC를 잘 활용할 수 있는 학습자는 누구일까요?

보완대체의사소통(AAC)을 효과적으로 활용할 수 있는 학습자는 다양한 배경을 갖고 있으며, 다양한 의사소통 문제에 직면합니다. 그러나 대체로 다음과 같은 학습자의 경우 AAC 도구가 큰 도움이 될 수 있습니다.

- **비언어적 학습자:** 심각한 언어 장애가 있는 사람과 같이 비언어적 학습자가 많은 개인은 AAC 도구를 통해 상당한 이점을 얻을 수 있습니다. 여기에는 언어 근육이 손상되는 뇌성 마비 또는 언어 발달이 지연되거나 없을 수 있는 특정 형태의 자폐증과 같은 질환이 있는 사람이 포함됩니다.

- **일시적으로 의사소통에 문제가 있는 학습자:** 수술(예 기관절개술 후) 또는 부상에서 회복 중인 학습자와 같이 일시적인 장애를 경험하는 일부 학습자는 회복 기간 동안 AAC 도구를 사용할 수 있습니다.

- **다문화 학습자:** 경우에 따라 다국어 또는 다문화 환경에서 학습하는 학생들은 특히 제2외국어를 배울 때 언어 장벽을 극복하기 위해 AAC 도구를 활용할 수 있습니다. 시각적 의사소통 도구는 언어 격차를 해소하는 데 도움이 되어 학습자가 제2언어에 더욱 능숙해짐에 따라 기본적인 요구 사항을 더 쉽게 표현하거나 새로운 개념을 이해할 수 있도록 해 줍니다.

특수교육대상자에게 AAC와 같은 보조 도구 외 어떤 디지털 기반 도구가 있으면 학습에 도움이 될까요?

보완대체의사소통(AAC) 도구 외에도 다양한 디지털 기반 도구가 특수 교육을 받는 학생들에게 큰 도움이 될 수 있습니다. 이러한 도구는 개별화된 학습을 지원하고, 접근성을 향상시키며, 다양한 요구 사항을 가진 학생들의 독립성을 향상시킵니다. AAC 외에도 특수 교육을 받는 학습자에게 특히 유용한 디지털 기반 도구의 여러 범주는 다음과 같습니다.

- **대화형 화이트 보드:** SMART Boards와 같은 장치를 사용하면 교사는 다양한 학습 스타일로 학생들의 참여를 유도하는 역동적인 대화형 수업을 만들 수 있습니다. 특히 특수 교육을 받는 학생들은 터치, 시각적, 실습 학습 경험을 통해 콘텐츠와 상호 작용할 수 있는 능력의 이점을 누릴 수 있습니다.

- **게임화된 학습 도구:** Kahoot! 및 Classcraft와 같은 앱은 게임 요소를 통합하여 학습을 대화형으로 재미있게 만듭니다. 이러한 도구는 전통적인 학습 방법이 어렵거나 동기가 없다고 생각하는 특수 교육 학생들을 참여시킬 수 있습니다.

Adobe Firefly를 활용한 AAC 한글 카드 제작

관련교과	시간	관련 학습 요소	디지털 리터러시				인공지능 리터러시			
			디지털 정보 리터러시	디지털 의사소통	디지털 창의성	디지털 안전	인공지능 이해	인공지능과의 상호 작용	데이터 이해	인공지능의 사회적 영향
국어/실과 특수	2차시		v	v	v			v		v

학습 주제	생성형 AI를 활용해 AAC 한글 카드 만들기

2022 교육과정	[국어] [4국04-05] 언어가 의사소통과 관계 형성의 수단임을 이해하고 국어를 소중히 여기는 태도를 지닌다. [국어] [6국06-03] 적합한 양식과 수용자의 반응을 고려하여 복합양식 매체 자료를 제작하고 공유한다. [실과] [6실04-02] 생활 속 디지털 기술의 중요성을 이해하고, 디지털 기기와 디지털 콘텐츠 저작 도구를 사용하여 발표 자료를 만들어 보면서 디지털 기기의 활용 능력을 기른다. [특수 국어] [2국06-02] 일상의 경험과 생각을 글과 그림으로 표현한다. [특수 국어] [2국06-03] 수어 및 자막 지원 매체와 매체 자료에 관심을 가진다.

학습 도구	노트북 또는 태블릿, 필기구

	교수 · 학습 활동 요약
동기 유발	• <스티븐 호킹의 의사소통 방법은?> 영상 시청하기
학습 활동	┌─ 학습 목표 ─┐ **생성형 AI를 활용해 AAC 한글 카드 만들기** **활동 1) AAC 앱 회원가입 및 사용 방법 알아보기** 　• AAC 앱에 회원가입 후 사용 방법을 체험해 봅시다. **활동 2) Adobe Firefly를 사용해 이미지와 시각적 텍스트 만들기** 　• Adobe Firefly에 회원가입 후 사용 방법을 알아봅시다. 　• 이미지 만들기에서 원하는 이미지를 생성하는 방법을 체험해 봅시다. 　• 텍스트 효과 만들기에서 원하는 텍스트를 시각적으로 변화하는 방법을 체험해 봅시다. **활동 3) Adobe Firefly를 사용해 AAC 한글 카드 만들기** 　• Adobe Firefly의 이미지 만들기에서 전달하고 싶은 메시지를 표현하는 이미지를 생성한 뒤 다운로드 합니다. 　• Adobe Firefly의 텍스트 효과 만들기에서 생성한 이미지에 필요한 텍스트를 입력하고 그 텍스트를 설명해 줄 수 있는 효과를 만들어 줍니다. 완성한 시각적 텍스트 역시 다운로드 받습니다. 　• 구글 계정으로 구글에 로그인한 뒤 슬라이드를 열고, 이미지> 컴퓨터에서 업로드를 선택하여 다운로드한 이미지를 삽입합니다. 　• 삽입한 이미지에 필요한 텍스트 역시 업로드한 뒤 AAC 한글 카드를 완성합니다. 　• 필요한 AAC 한글 카드를 추가로 만들어 줍니다. 　• AAC 한글 카드를 사용하면 어떤 점이 좋을지 이야기 나눕니다.
학습 정리	• 오늘 배운 내용 정리하기
평가	• (산출물 평가) Adobe Firefly를 활용해 필요한 AAC 한글 카드 완성하기

Chapter 12

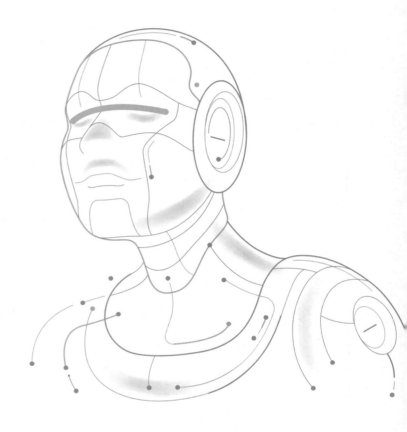

Musical Canvas로
만드는
음악이 흐르는 미술관

교과 연계 인공지능 융합 교육

인공지능 교육은 인공지능의 개념과 원리를 이해하고 인공지능을 교수·학습에 활용하여 실제적 실생활 문제를 해결하는 교육을 말합니다. 이에 반해 인공지능 융합 교육은 인공지능 기술, 인공지능에 대한 원리와 핵심 개념에 대한 이해를 기반으로 다양한 학문과 산업 분야를 융합하여 창의적인 해결책을 제시하는 교육을 말합니다. 학교 현장에서는 국어, 수학, 과학, 사회, 음악, 미술, 체육 등 일반 교과와 인공지능의 내용이나 기능을 연계해 각 교과에서 해결해야 할 문제를 해결함으로써 문제 해결력과 인공지능 리터러시를 키우는 형태로 인공지능 융합 교육이 전개되고 있습니다.

그렇다면 인공지능을 활용한 수업에서 필요한 교사의 핵심 역량은 무엇일까요? 첫 번째는 인공지능 수업을 설계할 수 있는 역량이 필요합니다. 인공지능 기반 수업 분석 역량, 인공지능 기반 실생활 문제 해결력과 프로젝트 활동 기획 역량, 인공지능 수업 모델 기획 역량, 데이터 기반 피드백 설계 역량 등 종합적인 교수 설계 역량을 갖춰야 합니다. AIEDAP[1]에서 제시한 인공지능 디지털 융합 수업 설계 절차를 살펴보면, 1단계 수업 구조 설정, 2단계 수업 흐름 구성, 3단계 인공지능 기반 수업 설계, 4단계 수업 운영 및 피드백으로 이루어져 있습니다. 이를 통해 인공지능 디지털 융합 수업에서는 학습해야 할 교육내용과 수행의 특성을 반영하여 교수학습 활동에 효율적인 AI·디지털 기술을 활용하고 적용하고자 함을 알 수 있습니다.

수업 구조 설정	→	수업 흐름 구성	→	인공지능 기반 수업 설계	→	수업 운영 및 피드백
교육내용과 수행의 특성을 반영한 교육목표 배열		교육목표에 적합한 교수학습 요소 선정		학습 활동에 따른 AI·디지털 도구 선정		AI·디지털 활용 및 융합 수업 실천·성찰

출처: 인공지능 디지털 융합 수업 설계 절차(https://aiedap.or.kr/?page_id=3812)

두 번째는 인공지능에 대한 지식, 이해, 기술을 구현하는 역량이 필요합니다. 이는 교사가 인공지능 수업을 진행할 때 발휘되는 역량으로서 교사는 충분한 인공지능 지식과 이해, 인공지능 기술을 구현하는 역량이 있어야 합니다. 마지막으로 인공지능 수업의 전 과정에서 학생들의 상태를 파악하고 지원하며, 학습자 모두가 성취기준을 달성할 수 있도록 평가하고 피드백하는 평가 역량이 필요합니다. 이처럼 인공지능 융합 교육에서 교사의 역할은 단순한 AI, 디지털 도구의 사용에 있지 않습니다. 교육목표를 달성하기 위한 AI 융합 교육을 설계하고, 이를 실현하는 수업을 통해 학생들이 미래의 인재로 자라날 수 있도록 도와야 합니다.

---

1) AIEDAP이란 대한민국 모든 교원들의 AI와 디지털 교육 역량 강화를 위해 추진하는 민-관-학 연합 지원 체제

그림으로 음악을 만드는 생성형 AI

생성형 AI의 기술이 하루가 다르게 발전하면서 텍스트를 이미지, 영상으로 만들어 주는 것에 그치지 않고, 이미지를 음악이나 영상으로 만들어 주는 서비스가 제공되고 있습니다. 예를 들어, Melobytes(https://melobytes.com/)는 이미지를 업로드하면 이미지에 어울리는 악보와 음악을 생성해 주는 사이트입니다.

출처: 멜로바이츠에서 생성형 악보와 음악

또한 구글의 "Musical Canvas"는 구글이 발표한 머신러닝 기반 음악 생성 도구로 그림을 그리면 구글의 Gemini로 설명할 텍스트를 생성하고, Music LM을 사용해 음악을 생성해 줍니다. 매우 직관적이며 사용하기 쉬울 뿐 아니라 그림의 스타일에 따라 클래식, 재즈, 펑키, 댄스 등 다양한 장르의 음악이 만들어집니다. 본 챕터에서는 그림을 음악으로 바꿔 주는 생성형 AI 플랫폼을 활용해 미술, 음악 교과와 연계한 인공지능 융합 수업에 대해 알아보고자 합니다.

출처: 뮤지컬 캔바스에서 생성한 학생 작품

그림으로 음악을 생성해요

뮤지컬 캔버스를 활용해 그림을 음악으로 만들어 봅시다.

01 ▶ 구글 검색 창에서 "구글 뮤지컬 캔버스"를 입력합니다.

02 ▶ 구글 AI의 도움을 받아 그림으로 음악을 생성할 수 있는 뮤지컬 캔버스 메인 화면입니다. [실험 실행] 버튼을 클릭합니다.

03 ▶ 뮤지컬 캔버스의 메인 화면을 확인합니다.

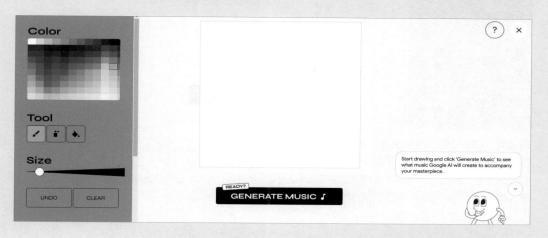

04 ▶ 메인 화면에 있는 뮤지컬 캔버스의 다양한 기능을 확인합니다.

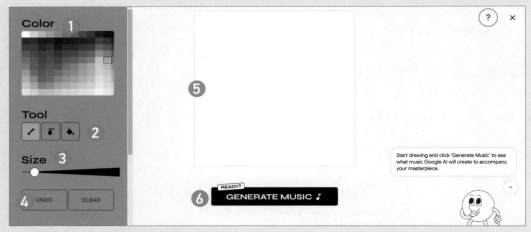

① **색깔 팔레트**: 그리고 싶은 색깔 정하기

② **도구**: 붓, 스프레이, 채우기 등 원하는 그림 도구 정하기

③ **크기**: 그림의 굵기 정하기

④ **지우기**: 바로 이전 단계 지우기(UNDO), 전체 지우기(CLEAR)

⑤ **캔버스**: 그림을 그릴 수 있는 디지털 도화지

⑥ **음악 생성 버튼**: 그림을 완성한 후 음악을 생성할 수 있음

05 ▶ 그림에 다양한 필터를 입혀줄 수 있습니다.

① **블러**: 그림을 흐릿하고 어스름한 상태로 만들 때 사용

② **픽셀레이트**: 그림을 픽셀화하여 표현하고 싶을 때 사용

③ **올드 필름**: 그림에 긁힘, 깜박임, 변색과 같은 요소를 추가해 오래된 고전 영화 같은 느낌을 주고 싶을 때 사용

④ **노이즈**: 그림에 먼지 입자가 있는 것처럼 보이고 싶을 때 사용

06 ▶ 먼저 원하는 색깔을 선택하고, [채우기] 버튼()을 눌러 줍니다.

07 ▶ 다시 원하는 색깔을 선택한 뒤 스프레이 효과를 이용해 예시처럼 그림을 그려 봅니다. 사이즈를 조절해 약간 큰 별빛의 느낌을 표현해 봅니다.

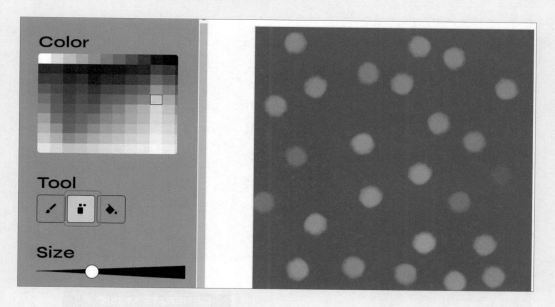

미술·음악

CHAPTER 12

Musical Canvas로 만드는 음악이 흐르는 미술관

165

08 어울리는 색깔을 선택한 뒤 이번에는 붓을 이용해 예시처럼 그림을 그려 봅니다. 별빛의 느낌보다는 선명하게 작게 나타내기 위해 크기를 조절해 봅니다.

09 그림이 완성되면 [GENERATE MUSIC] 버튼을 클릭합니다.

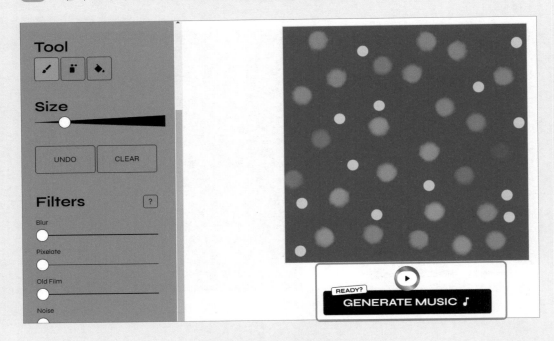

10 ▶ 인공지능이 그림에 대해 분석한 뒤 음악을 만들어 냅니다. 음악을 들은 후 마음에 들지 않거나 더 수정하고 싶다면 [CONTINUE DRAWING]을 클릭합니다.

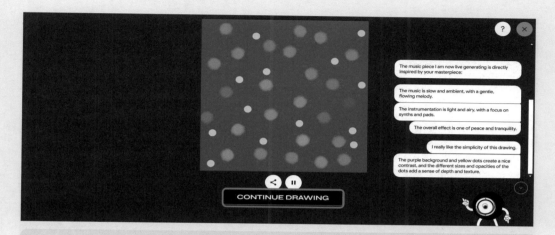

(인공지능의 그림 분석 번역) 음악은 느리고 주변적이며 부드럽게 흐르는 멜로디로 구성됩니다. 악기는 신디사이저와 패드에 중점을 두고 가볍고 경쾌한 느낌의 연주를 합니다. 전반적인 효과는 평화롭고 평온합니다. 저는 이 그림의 단순함이 정말 마음에 듭니다. 보라색 배경과 노란색 점은 멋진 대비를 만들고 점의 다양한 크기와 불투명도는 깊이감과 질감을 더합니다.

11 ▶ 다시 그림 그리는 화면으로 돌아가서 필터의 올드 필름과 노이즈 등을 활용해 효과를 줍니다. 원하는 느낌의 효과 또는 채색으로 수정해도 좋습니다.

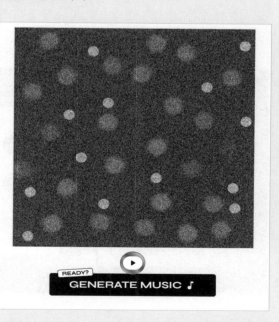

12▸ 새롭게 수정한 그림에 대해 인공지능이 분석해 음악을 만들어 냅니다. 음악이 완성되면 공유 버튼을 눌러 공유 링크를 얻을 수 있습니다.

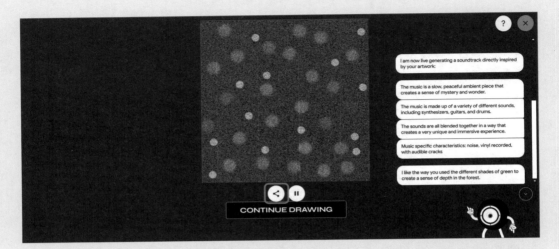

(인공지능의 그림 분석 번역) 이 음악은 느리고 평화로운 분위기로 신비로움과 경이로움의 장면을 만들어 냅니다. 신디사이저, 기타, 드럼 등 다양한 사운드로 구성된 음악입니다. 사운드는 모두 매우 독특하고 몰입감 넘치는 경험을 만드는 방식으로 함께 혼합됩니다. 음악 고유의 특성: 소음, 비닐 녹음, 청각적 균열. 숲에서 깊이감을 내기 위해 다양한 녹색 음영을 사용한 방식이 마음에 듭니다.

13▸ 공유 링크를 통해 다른 사람과 작품을 공유할 수 있습니다. 뮤지컬 캔버스에 완성 작품을 저장할 수는 없으므로 링크를 복사해 클래스룸이나 SNS 등에 게시해 두면 필요할 때 볼 수 있습니다.

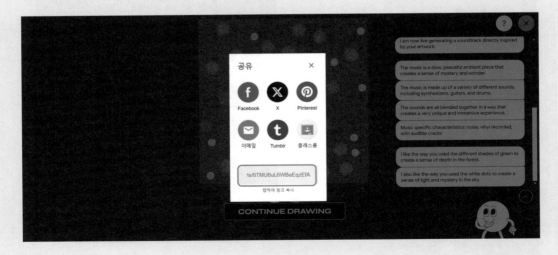

14 ▶ 작품 전시회를 위해 그림만 캡처해서 이미지 파일로 저장해도 좋습니다.

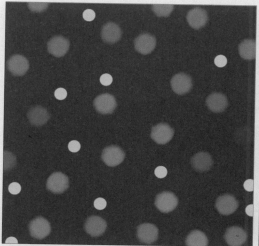 

미술·음악

CHAPTER **12**

Musical Canvas로 만드는 음악이 흐르는 미술관

음악이 흐르는 미술관

완성한 작품을 친구들과 함께 전시하여 감상할 수 있는 스페이셜(https://www.spatial.io/)에 대해
알아봅니다. 메타버스 공간에 모여 친구들의 작품을 감상할 수 있습니다.

01 ▶ 스페이셜에 접속한 후 우측 상단에 있는 [Create for Free]를 클릭합니다.

02 ▶ 구글, 애플 계정 등과 연동하거나 이메일 주소를 이용해 회원가입을 할 수 있습니다.
구글이나 애플 계정과 연동하면 회원가입이 간편합니다.

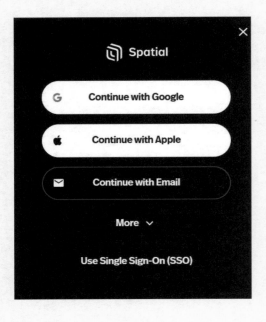

03 ▶ 사용자 이름을 원하는 이름으로 입력하고 동의하기에 체크한 뒤 [Next] 버튼을 클릭합니다.

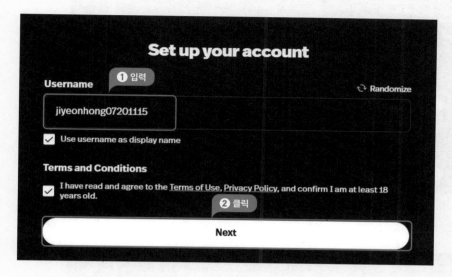

04 ▶ 우측 상단에 있는 자신의 프로필에서 빨간 버튼(👤)을 클릭합니다.

05 ▶ 자신의 프로필을 수정할 수 있는 페이지가 나타나면 편집이 가능한 빨간 버튼을 다시 눌러 줍니다.

06 ▸ 아바타 스토어에서 원하는 아이템을 구입할 수 있습니다. [Your Items]을 클릭합니다.

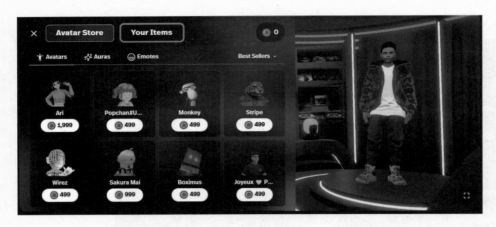

07 ▸ 제일 왼쪽에 있는 [Custom Avatar] 버튼을 눌러 자신의 얼굴로 아바타를 만들어 봅시다.

08 ▸ 자신의 얼굴로 아바타를 만들고 싶다면 [Take a photo]를 클릭하고 카메라 허용 버튼을 눌러 봅시다. 자신의 얼굴로 만들기를 원하지 않는다면 여러 아바타 중 마음에 드는 아바타를 선택합니다.

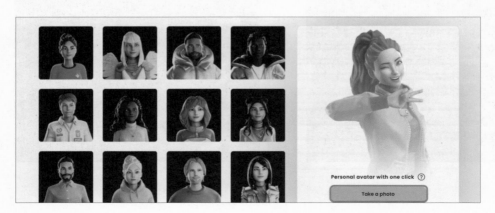

09 ▶ [Take a photo]를 클릭했다면 카메라로 자신의 얼굴을 찍고 자신의 얼굴과 닮은 아바타로 옷과 액세서리 등을 활용해 꾸며 봅시다.

10 ▶ 자신의 얼굴로 만들기를 원하지 않는다면 여러 아바타 중 마음에 드는 아바타를 선택한 뒤 옷, 헤어, 액세서리 등으로 자신만의 아바타로 만들어 봅시다. 완성되었다면 [Next] 버튼을 클릭합니다.

11 ▶ 아바타 꾸미기가 완료되었다면 홈 화면 좌측 중앙에 있는 [Create a Space] 버튼 또는 우측 상단에 있는 [+New Space] 버튼을 클릭합니다.

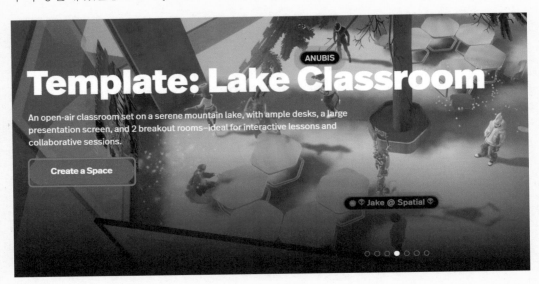

12 ▶ 좌측 메뉴에서 갤러리를 선택한 뒤 무료 템플릿 중 하나를 선택합니다.

13 나만의 갤러리 공간이 생성되었습니다. 나의 작품을 전시하거나 학생들의 디지털 콘텐츠를 전시하고 함께 감상하기 좋은 공간입니다.

14 전시하기를 원하는 작품이나 링크를 각 벽에 있는 [Upload file]을 이용해 전시하거나 포털로 만들어 이동할 수 있습니다. [Upload file]을 클릭합니다.

15 ▶ Assets의 [Upload] 버튼을 클릭한 뒤 뮤지컬 캔버스의 작품을 캡처한 이미지 파일을 선택합니다.

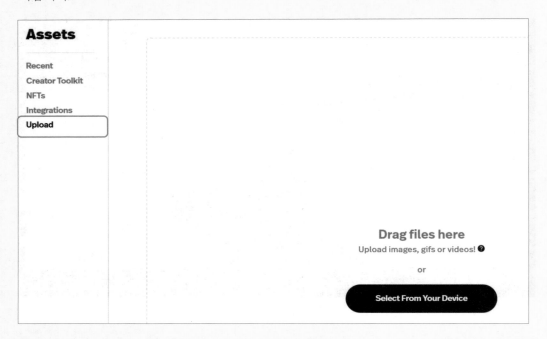

16 ▶ 뮤지컬 캔버스 작품을 이미지 파일로 미술관에 업로드합니다. 또는 학생이 선생님이 만든 갤러리에 들어와 자신의 작품을 스스로 전시할 수도 있습니다. 이미지 파일을 업로드할 경우 그림은 감상이 가능하지만 음악은 들을 수 없으므로 작품 링크를 게시해 음악도 함께 감상하도록 할 수 있습니다.

17 ▶ 우측 상단에 있는 버튼 중 [+] 버튼을 클릭합니다.

18 ▶ 나타나는 화면 창의 제일 아래에 있는 [Create Portal] 버튼을 클릭하면 작품의 링크를 걸어줄 수 있습니다.

19 ▶ New Portal의 [Create From Link] 버튼을 클릭합니다.

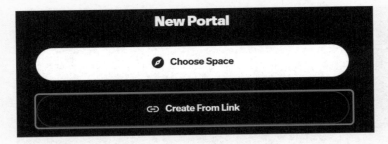

20 ▶ 링크에 공유하기를 원하는 작품의 링크를 게시합니다.

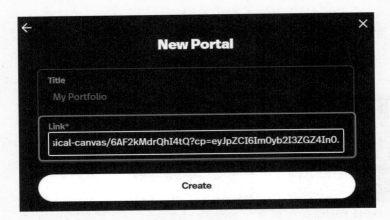

21 ▶ 해당 작품으로 갈 수 있는 포털이 생겼습니다. 작품마다 포털을 만들어 언제든 필요하면 음악과 함께 작품을 감상할 수 있도록 해 줍니다.

22 ▶ [Share] 버튼을 누르면 음악이 흐르는 디지털 전시관에 다른 사람 또는 학생들을 초대할 수 있습니다.

23 ▶ 모든 사람 또는 내가 초대하기를 원하는 사람에게 공개하기를 선택할 수 있습니다. 우측 상단에 있는 **Copy Link**를 클릭합니다.

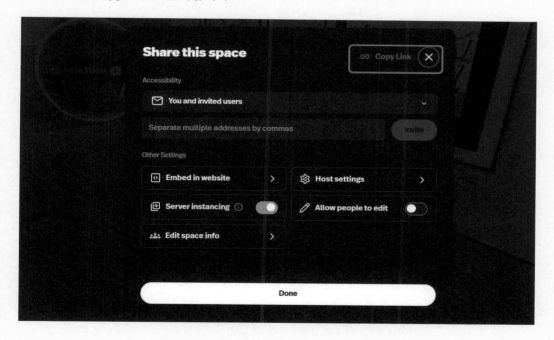

교과 연계 인공지능 융합 수업

다양한 교과와 연계한 인공지능 융합 수업을 하려면 어떤 점을 고려해야 할까요?

인공지능 융합 수업을 계획할 때 고려해야 할 점은 무엇일까요?

- 인공지능 융합 수업을 설계할 때는 우선 명확한 학습 목표를 설정하는 것이 중요합니다. 학습 목표가 인공지능의 기술을 익히기 위한 것인지, 교과의 목표를 달성하기 위한 것인지 등에 따라 수업의 내용과 방법에 차이가 있을 수 있습니다.

- 두 번째는 어떤 교과를 연계할 것인지를 정해야 합니다. 학습 목표를 해결하기 위해 어떤 교과의 지식이나 기능이 필요한지를 떠올리고, 이에 맞는 교과의 내용 요소를 연결해야 하므로 어떤 교과를 연계할지 결정하는 일은 인공지능 융합 수업에서 매우 중요한 부분입니다.

- 세 번째는 접근 가능한 인공지능 도구나 플랫폼을 사용하는 것입니다. 학습 목표를 달성하는 데 꼭 필요한 인공지능 도구나 플랫폼이 무엇인지, 수업에 활용할 만한 역량이 있는지, 학생들의 수준에 맞는지 등을 고려해야 합니다.

다양한 교과와 연계한 인공지능 융합 수업에 적절한 문제나 주제에는 어떤 것이 있을까요?

교과와 연계한 인공지능 융합 수업 시 다룰 만한 문제 또는 주제는 다음과 같습니다.

- **첫째**, 인공지능이 사회에 미치는 영향이나 윤리에 관한 문제를 다루면 좋습니다. 인공지능 도구를 활용해 음악이나 미술 작품을 창작한 뒤 이러한 결과물에 대한 저작권을 확인하고, 토의·토론하는 수업을 통해 학생들의 사고력을 키울 수 있습니다.

- **둘째**, 예측 모델을 활용해 기후 변화와 관련된 데이터를 예측해 보고 이러한 기후 변화를 막을 수 있는 방법이나 환경 보호와 관련된 다양한 논의를 해 보는 수업을 설계할 수 있습니다. 기후 문제는 전 세계적으로 관심이 높은 주제이자 해결해야 할 문제이므로 수업의 주제로 좋습니다.

- **셋째**, 인공지능을 비롯한 지능정보기술의 발전으로 다가올 스마트 시티를 구현해 보고, 스마트 시티가 인간의 안전을 위해 반드시 갖춰야 할 기능이나 법은 무엇인지 생각해 보는 수업을 설계해도 좋습니다.

Musical Canvas로 음악이 흐르는 미술관 수업

관련교과	시간	관련 학습 요소	디지털 리터러시				인공지능 리터러시			
			디지털 정보 리터러시	디지털 의사소통	디지털 창의성	디지털 안전	인공지능 이해	인공지능과의 상호 작용	데이터 이해	인공지능의 사회적 영향
음악/미술	2차시		∨	∨	∨			∨		∨

학습 주제	인공지능을 활용해 음악이 흐르는 미술관 만들기
2022 교육과정	[미술] [9미02-03] 조형 요소와 원리, 표현 재료와 방법, 디지털 매체를 포함한 다양한 매체를 활용하여 주제를 효과적으로 표현할 수 있다. [미술] [9미03-04] 미술의 다원성에 대한 존중을 바탕으로 미술 감상 경험을 삶과 연결하고 공동체 문화에 기여할 수 있다. [음악] [9음03-01] 음악적 의도나 아이디어를 여러 매체나 방법에 적용하여 자기주도적으로 창작한다.
학습 도구	노트북 또는 태블릿, 필기구

	교수·학습 활동 요약
동기 유발	• <별이 빛나는 반 고흐의 밤> 음악이 흐르는 미술관 영상 시청하기
학습 활동	[학습 목표] **인공지능을 활용해 음악이 흐르는 미술관 만들기** **활동 1) Musical Canvas 사용 방법 알아보기** • Musical Canvas에 접속한 뒤 사용 방법을 알아봅시다. • 페인트 도구로 그림을 그리고, [Generate Music]을 누르면 그림의 특징을 추출한 인공지능이 그림과 잘 어울리는 음악을 생성해 들려줍니다. • 완성된 음악이 마음에 들지 않는다면 다시 수정한 뒤 새로 음악을 만들고, 완성된 작품과 음악이 마음에 든다면 공유 링크를 복사해 구글 클래스룸에 과제로 제출합니다. **활동 2) Spatial에 작품 전시하기** • 선생님이 만든 작품 갤러리에 입장해 자신의 작품을 게시합니다. 완성한 미술 작품은 캡처하여 이미지로 업로드하고 생성된 음악의 공유 링크로 포털을 만들어 다른 사람이 접속할 수 있도록 합니다. • 마음에 드는 친구의 작품에 접속하여 음악을 듣고, 미술 작품과 음악이 어울리는지 확인합니다. • (선택) 구글 클래스룸에 제출한 과제로 전체 학생을 대상으로 작품에 대해 설명하는 발표의 시간을 가질 수 있습니다. **활동 3) 작품을 만들며 알게 된 인공지능의 기능 정리하기** • Musical Canvas를 사용하며 알게 된 인공지능의 기능에 대해 떠올리고 성능이 어떠했는지 이야기 나눠 봅니다. • Spatial에서 작품을 전시했을 때의 장점과 자신의 아바타를 만들 때 사용되는 얼굴 인식 기능에 대해 이야기해 봅니다. • 인공지능 기술이 우리 생활에 미치는 영향에 대해 발표합니다.
학습 정리	• 오늘 배운 내용 정리하기
평가	• (산출물 평가) Musical Canvas로 완성된 미술 작품과 음악 평가하기

Chapter 13

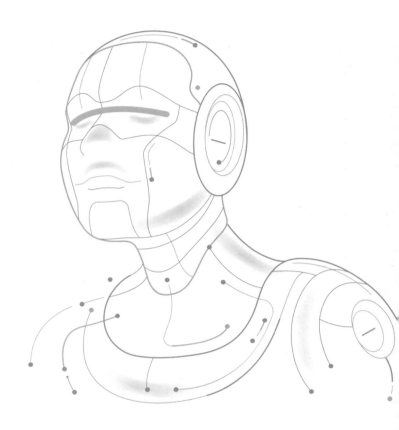

Tooning으로
쉽게 제작하는
꿈 포스터

인공지능을 활용한 진로 교육

인공지능 기술의 빠른 발전은 인간 삶의 거의 모든 부분에서 막대한 영향을 미치고 있으며 교육 분야, 그중에서도 진로 교육 분야에 큰 영향을 미치고 있습니다. 빠른 기술의 발전은 직업 세계의 혁신을 불러왔고, 새로 떠오르는 직업군과 이러한 직업 시장에 필요한 기술이나 역량 등에 대한 평가가 하루가 다르게 바뀌고 있기 때문입니다. 이러한 이유로 AI에 기반한 개인 맞춤형 진로 지도를 도입하고, 산업 동향에 대한 정확한 예측과 이에 대한 대비책 마련 등이 진로 교육 분야에서는 큰 화두로 떠오르고 있습니다.

인공지능이 진로 교육에 기여하는 가장 큰 혁신 중 하나는 맞춤형 진로 지도가 가능하다는 점입니다. 인공지능 기반 플랫폼은 개인의 관심사나 강점, 그리고 시장의 동향을 실시간 분석하여 개인에게 적합한 진로 경로를 추천해 줄 수 있습니다. 예를 들어, LinkedIn Learning과 같은 도구는 사용자의 경력과 자격에 따라 강의를 추천하는 기계학습 알고리즘을 사용합니다. 또한 인공지능 기반의 진로 상담 봇은 24시간 지원을 제공하여 학생들이 다양한 옵션을 탐색하고 명확한 진로 로드맵을 구축할 수 있도록 돕습니다. 이러한 맞춤화는 학생들이 데이터에 입각한 결정을 내릴 수 있도록 지원할 뿐만 아니라, 보다 명확한 진로 계획 수립에도 도움을 줍니다. 또한 LinkedIn은 세계 최대의 비즈니스 인맥 사이트로서 인공지능 알고리즘을 활용해 사용자에게 적합한 일자리를 찾아 추천하고 지원을 돕는 역할도 수행합니다.

출처: 링크드인 화면(https://www.linkedin.com/)

또한 인공지능은 개인적인 기술 향상을 넘어, 직업 시장의 동향을 이해하고 예측하는 데 중요한 역할을 합니다. 인공지능 시스템은 채용 공고, 산업 보고서, 경제 패턴 등 방대한 데이터를 분석하여 새로운 직업과 변화하는 기술 요구를 식별할 수 있습니다. 예를 들어, 인공지능은 데이터 과학자, 기계학습 엔지니어, 인공지능 윤리학자와 같은 직업의 수요가 증가하고 있음을 강조해 왔습니다. 이러한 예측 능력은 교사가 학생들이 미래에 대비할 수 있도록 교육 프로그램을 시장 요구에 맞게 조정하여 인공지능이 주도하는 직업 세계에서 경쟁력을 유지하도록 도울 수 있습니다.

인간과 기계의 협업 시대

과거 인공지능은 '인공지능 포비아(Phobia)'라는 말이 있을 정도로 인간을 뛰어넘을 수 있는, 인간의 일자리를 뺏는 두려움의 존재였습니다. 영화 속에서 인간을 지배하고, 인간을 뛰어넘는 인공지능은 흔히 강인공지능(Strong AI)이라 불리는 것으로 아직까지는 공상과학 영화 속에서만 존재 가능한 기술입니다. 이에 반해 약인공지능(Weak AI)은 특정 주제의 분야에서 인간의 의도에 따라 주어진 일을 수행하는 인공지능으로서 방대한 양의 데이터를 학습시켜 인간의 프로그래밍 없이도 스스로 인간의 특정 문제를 해결해 주는 인공지능을 의미합니다. 따라서 현재 우리가 활용하고 있는 대부분의 인공지능 기술은 인간의 문제 해결을 목적으로 탄생한 것으로서 인간을 돕는데 포커스가 있습니다.

따라서 오늘날의 인공지능은 인간의 경쟁자이기 보다 인간을 도와 문제를 해결해 주는 협업자로서 존재합니다. 즉, 인간과 기계가 함께 협업을 통해 문제를 해결하고 가치를 만들어 내는 세상이 된 것입니다. 이러한 인간과 기계의 협업은 직업 세계에서 두드러지게 나타납니다. 예를 들어, 의료 분야에서는 인공지능 기반의 의료 이미지 분석을 통해 의사의 질병 진단을 돕고 있습니다. 제조 분야에서는 로봇이 인간과 함께 생산 공정을 간소화합니다. 단순히 기계가 일자리를 대신하는 것이 아니라 인간의 능력을 강화하여 직원이 문제를 해결하고, 전략을 구상하는 것과 같은 고차원적인 작업에 집중할 수 있도록 돕습니다.

교육 역시 인간과 기계의 협력이 두드러지게 나타나는 분야입니다. 적응형 학습 플랫폼은 인공지능을 사용하여 교육 콘텐츠를 맞춤화하고 각 학생의 고유한 강점과 약점을 분석합니다. 교사는 채점과 같은 반복적인 작업에 시간을 보내는 대신 인공지능이 자동으로 채점하고 분석한 결과를 바탕으로 목표에 맞는 교육을 제공하고 학생들과 더 깊은 참여를 촉진할 수 있습니다. 이러한 파트너십을 통해 교사는 디지털 전환 시대에 필수적인 역량인 창의성, 감성 지능, 협업적 문제 해결력 등의 고차원적 사고를 육성하는 데 집중할 수 있습니다.

예술 분야도 예외가 아닙니다. 예술가와 음악가는 점점 더 인공지능 도구를 사용하여 상상의 한계를 뛰어넘는 작품을 인공지능과 공동 창작하고 있습니다. 인공지능이 생성한 음악, 그림, 디자인은 인간의 창의성을 대체하는 것이 아니라 그 지평을 확장하고 새로운 관점과 가능성을 제공합니다. 작가는 인공지능을 사용하여 스토리 라인을 탐색하고, 건축가는 생성적 디자인 알고리즘을 사용하여 혁신적인 구조를 만들어 냅니다. 이러한 예술 분야의 파트너십에서 기계는 인간의 표현 능력을 촉진하는 촉매제 역할을 하며, 다른 방법으로는 나오지 않았을 아이디어를 만들어 냅니다.

사용 방법을 알아봐요

AI 기반 스토리텔링 콘텐츠 제작 도구인 Tooning(https://tooning.io/)에 대해 알아봅니다. Tooning를 활용하기 위해서는 먼저 회원가입을 해야 합니다.

01 ▶ 구글 검색 창에 Tooning을 검색하거나 https://tooning.io/을 입력합니다. 우측 상단에 **[회원가입]** 버튼을 클릭합니다.

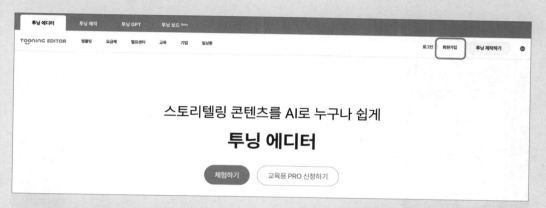

02 ▶ 구글이나 페이스북 등 SNS 계정과 연동하거나 메일을 이용해 회원가입을 합니다. 교사의 경우 교육용 pro 계정 신청이 가능하므로 공직자 메일(korea.kr)로 가입하도록 합니다.

03 ▶ 교사인 경우 공직자 메일로 회원가입이 완료되었다면 "교육용 pro 신청하기"를 클릭하고 관련 정보를 입력한 뒤 교사 인증 서류를 제출해야 합니다.

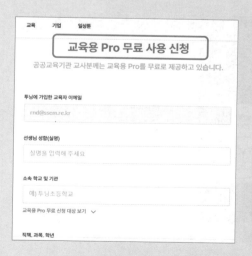

04 ▶ 화면 가운데에 있는 [제작하기] 버튼을 클릭합니다.

05 ▶ 디지털 콘텐츠를 제작할 수 있는 화면이 나타납니다.

06 ▶ 왼쪽 상단 메뉴에서 사이즈를 조정합니다.

07 ▶ 왼쪽 우측 메뉴에서 템플릿을 정할 수 있습니다. 밈, 포스터, 메시지 카드 등이 있습니다.

08 ▶ 유료 또는 무료로 활용할 수 있는 다양한 캐릭터를 선택할 수 있습니다.

09 ▶ 웹툰 등에 활용할 수 있는 다양한 텍스트 스타일을 선택할 수 있습니다.

10 ▶ 필요시 말풍선을 선택할 수 있습니다.

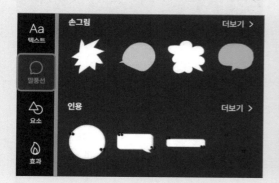

11 ▶ 도형, 라인, 캐릭터 등 다양한 요소를 선택하여 추가할 수 있습니다.

12 ▶ 연기 효과, 싸움 효과, 집중선, 긍정 효과 등 다양한 효과를 줄 수 있습니다.

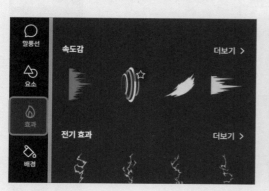

13 ▶ 기본 배경, 웹툰 프레임, 카드뉴스 배경 등 다양한 배경 또한 선택할 수 있습니다.

14 ▶ 템플릿에서 "퀴즈"를 검색합니다.

15 ▶ 마음에 드는 퀴즈 템플릿을 선택하고, 모든 페이지 적용을 클릭합니다.

16 ▶ 1페이지를 선택한 뒤 원하는 퀴즈 문제로 변경해 줍니다.

(예시) 인간의 학습능력, 추론능력, 지각능력을 인공적으로 구현하려는 컴퓨터 과학의 세부 분야 중 하나

17 ▸ 바꿔준 문항에 맞게 초성퀴즈의 힌트도 바꿔줍니다.

18 ▸ 2페이지를 선택한 뒤 문제의 정답을 알맞게 수정합니다.

19 2페이지의 그림 옆 말풍선의 텍스트를 선택하고 [AI] 버튼을 누르면 텍스트의 내용에 어울리는 동작으로 바뀝니다. 원하는 동작이 나올 때까지 [AI] 버튼을 눌러 봅니다.

20 퀴즈를 추가하고 싶다면 1페이지를 선택한 상태에서 [더보기] 버튼인 점 3개 버튼을 누르고 "복제"를 클릭합니다.

21 문제를 계속해서 추가해 줍니다.

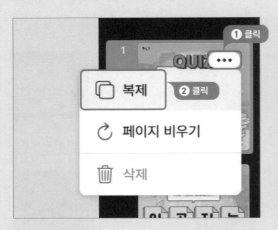 

22 우측 상단 메뉴에서 완성한 퀴즈를 링크로 공유하거나 다운로드 받을 수 있습니다.

 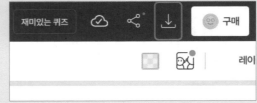

꿈 포스터를 만들어요

01 템플릿에서 포스터를 선택합니다. 원하는 템플릿으로 하되 꿈을 이룬 자신의 모습을 포스터로 만들 예정이므로 이에 맞는 템플릿을 선택합니다.

02 워터마크가 있는 경우 저작권이 있는 이미지이므로 삭제한 후 무료 버전에서 사용할 수 있는 이미지로 내 미래의 꿈 캐릭터를 만들어 줍니다.

03 우측 캐릭터에서 자신의 꿈에 맞는 캐릭터를 검색합니다. 예를 들어, 축구선수가 되고 싶다면 캐릭터 > 세부 검색에서 "축구"를 입력합니다.

04 추가된 캐릭터를 선택하면 캐릭터의 얼굴, 자세 등을 바꿀 수 있는 메뉴가 나타납니다.

05 얼굴, 자세 등 캐릭터의 세부적인 요소들을 원하는 대로 변경해 줍니다.

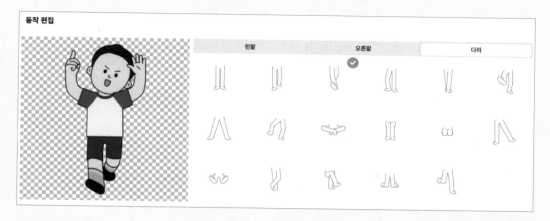

06 추가된 캐릭터에 텍스트가 가려진다면 가려진 텍스트를 선택하고 상단 우측에 있는 메뉴 중 위치 조정 버튼을 클릭해 [맨 앞으로 보내기] 등을 클릭합니다.

07▸ 꿈 포스터에 어울리는 텍스트로 하나씩 바꿔줍니다. 예를 들어, "도전! 이번 생엔 나도 웹툰작가"를 "전격! 인터뷰 축구선수 김인공"으로 변경한 뒤 [AI] 버튼을 누릅니다. 텍스트에 어울리도록 캐릭터를 자동으로 바꿔줄 수 있으므로 추가한 축구 선수 캐릭터에 [적용] 버튼을 클릭합니다.

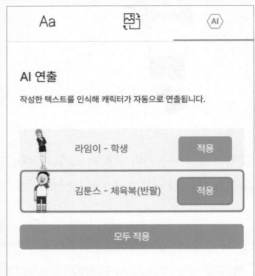

08▸ 인공지능이 텍스트에 어울리는 동작과 표정 등으로 바꿔줍니다.

09 ▶ 포스터에 원하는 텍스트를 넣고, 글자나 색깔을 변경하며 자신만의 스타일로 만듭니다.

10 ▶ 배경을 클릭해 필터를 원하는 대로 변경한 뒤 포스터를 마무리합니다.

인공지능 활용 진로 교육

인공지능 진로 교육의 방법에는 무엇이 있고, 어떤 점에 주의해야 할까요?

인공지능을 활용한 진로 교육의 방법에는 무엇이 있을까요?

- **맞춤형 진로 지도:** 인공지능 도구를 활용해 학생의 관심 분야, 적성을 분석해 학생에게 맞는 맞춤형 진로 추천이 가능합니다.

- **챗봇 진로 상담사:** 인공지능 기반 챗봇을 통해 진로 상담을 진행할 수 있습니다. 학생들이 궁금해 하는 직업에 대한 질문에 답하며 학생에게 맞는 직업을 찾아갈 수 있습니다.

- **시뮬레이션 및 VR 체험:** 가상 현실과 인공지능을 활용해 직접 가상 상황에서 직업을 체험해 봄으로써 직업을 탐색하고 자신의 적성을 찾아나갈 수 있습니다.

- **디지털 포트폴리오 제작:** 인공지능과 디지털 기술을 활용해 학생들의 다양한 분야별 포트폴리오를 체계적으로 생산하고 관리할 수 있도록 도와줍니다.

인공지능을 활용한 진로 교육 시 주의해야 할 점은 무엇일까요?

인공지능을 활용해 학생들의 진로 지도를 할 때 다음과 같은 점에 주의해야 합니다.

- 사용하는 인공지능 도구가 편견은 없는지, 공정한 데이터를 바탕으로 결과물을 만들어 내는지 확인해야 합니다.

- 끊임없이 변화하는 직업 세계와 필요한 역량에 대해 실시간 업데이트가 이루어지는지 확인해야 합니다.

- 학생들이 직업인이 될 때는 미래의 시점이므로 변화하는 사회에 대한 적응성을 가질 수 있도록 아직 존재하지 않는 역할이나 역량에 대해서도 준비를 시킬 수 있어야 합니다.

- 학생이 살고 있는 지역의 특수성을 고려해야 하며, 지역의 산업과 취업 시장의 동향을 반영한 직업, 진로 교육이어야 합니다.

인공지능을 활용한 진로 교육

관련교과	시간	관련 학습 요소	디지털 리터러시				인공지능 리터러시			
			디지털 정보 리터러시	디지털 의사소통	디지털 창의성	디지털 안전	인공지능 이해	인공지능과의 상호작용	데이터 이해	인공지능의 사회적 영향
진로/기술	2차시		V	V	V	V	V	V		V

학습 주제	인공지능을 활용해 꿈 포스터 만들기

2022 교육과정	[진로] [9진로02-03] 진로 정보를 탐색하는 다양한 방법을 알아보고 관심 분야의 진로 정보를 탐색하고 활용한다. [진로] [9진로02-04] 다양한 경험과 진로 활동을 자신의 진로와 연계하며 주도적인 진로 탐색 태도를 함양한다. [기술·가정] [9기가01-07] 자기 이해를 기반으로 전 생애적 관점에서 진로 설계의 중요성을 인식하고, 자기 적성에 맞는 진로를 설계한다.

학습 도구	노트북 또는 태블릿, 필기구

교수·학습 활동 요약

동기 유발	• 다양한 직업 관련 포스터 감사하기

학습 활동	(학습 목표) **인공지능을 활용해 꿈 포스터 만들기** **활동 1) 자신의 꿈과 관련된 직업에 대한 정보 수집하기** • 자신이 하고 싶은 꿈을 떠올려 보고 관련 직업에 대해 검색을 통해 조사합니다. • ChatGPT나 Gemini 등을 활용해 검색해 직업과 관련된 정보를 조사합니다. **활동 2) 투닝의 사용 방법 익히기** • 투닝을 활용해 카드뉴스, 포스터 등을 만드는 방법을 알아봅니다. • 투닝의 인공지능 기술을 활용해 캐릭터를 완성하는 방법을 체험해 봅니다. • 투닝의 생성형 AI를 활용해 이미지를 생성하는 방법을 체험해 봅니다. **활동 3) 꿈 포스터 만들기** • 자신이 만들고 싶은 스타일의 포스터 템플릿을 선택합니다. • 템플릿을 활용해 원하는 이미지를 완성하되, 자신이 되고 싶은 꿈 캐릭터나 미래에 자신이 되고 싶은 모습으로 완성합니다. • 텍스트 입력을 통해 꿈 포스터를 통해 전달하고 싶은 메시지를 넣습니다. **활동 4) 꿈 공언 및 해야 할 일 정리하기** • 완성한 꿈 포스터를 구글 클래스룸에 과제로 제출하거나 공유 링크를 통해 친구들 앞에서 발표합니다. 발표를 통해 자신의 꿈을 공언하고, 꿈을 이루기 위해 해야 할 일을 정리해 봅니다. • 꿈을 이루기 위해 해야 할 일에 대한 실천 다짐을 합니다.

학습 정리	• 오늘 배운 내용 정리하기

평가	• (동료 평가) 투닝을 활용해 완성한 꿈 포스터 동료 평가 실시하기

Chapter 14

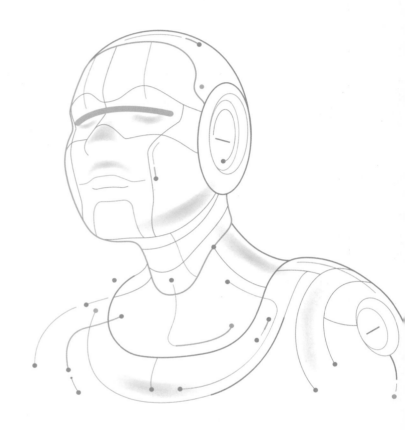

Wrtn으로 만드는
재미있는 챗봇

기계와 인간과의 대화, 챗봇

인간은 오래전부터 인간과 같은 기계와 친구가 되는 상상을 해왔습니다. 인간과 기계의 상호 작용은 단순한 명령어 기반의 인터페이스에서 출발해 오늘날 인간과 유사한 대화를 모방하는 대화형 에이전트(챗봇)로 발전하고 있습니다. 즉, 인간의 끊임없는 호기심과 탐구가 오늘날 인간과 대화하는 인공지능 로봇의 탄생, 챗봇의 일상화를 이끈 것입니다. 특히 일상적으로 많이 사용되고 있는 챗봇은 개인 비서, 고객 서비스 요원, 동반자 등 다양한 역할을 하며 인간과 기계 간의 경계를 허물고 있습니다.

이렇게 챗봇이 여러 산업 분야에 요긴하게 사용되는 요인 중 하나는 챗봇의 실시간 응대 능력 덕분입니다. 이러한 능력은 신속하고 효율적인 커뮤니케이션이 중요한 전자상거래, 헬스 케어와 같은 산업 분야에 획기적인 발전을 가져왔습니다. 예를 들어, AI 기반 챗봇은 고객 문의를 처리하고, 일정 예약을 도와주며, 실시간 문제 해결을 제공하여 사람의 업무 부담을 크게 줄여줄 뿐 아니라 사용자 만족도를 높입니다.

챗봇의 능력이 이렇듯 향상되었음에도 불구하고 한계 또한 존재합니다. 인간의 미묘한 감정과 맥락을 이해하는 것은 결코 쉬운 일이 아닙니다. 특히 감정 분석을 통해 인간 감정의 일부를 인식하고 이에 대해 대응하긴 하지만 대답하기 애매한 질문이나 문화적 민감성을 처리하는 문제에 있어서는 여전히 많은 어려움을 겪습니다. 일부 편향된 데이터로 인한 챗봇의 잘못된 응답 역시 해결해야 할 중요한 과제입니다.

이와 같이 기계학습 및 딥러닝과 같은 첨단 기술의 발전과 통합은 챗봇이 인간처럼 자연스럽게 대화할 수 있는 가능성을 열어줌과 동시에 많은 숙제 또한 제시하고 있습니다. 미래에는 인간의 감정을 효과적으로 감지하고 대응하는 공감형 로봇이나 원활한 번역이 가능한 다국어 로봇이 등장해 인간과 기계의 상호 작용을 극대화해 줄 것으로 보입니다. 결론적으로, 챗봇은 앞으로 단순한 도구를 넘어 일상생활에서 인간과 함께 살아가는 협력자로 자리 잡게 될 것입니다. 따라서 이를 보다 윤리적인 방향으로 사용할 수 있도록 방안을 마련해야 할 것입니다.

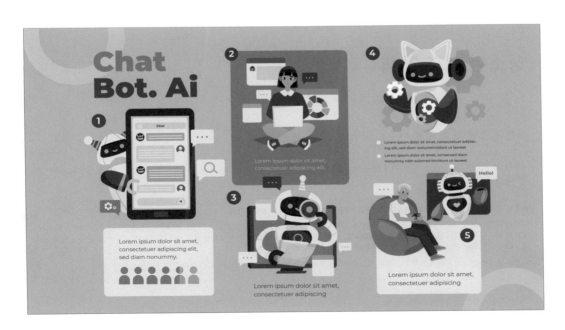

챗봇 사용의 연령 제한

챗봇을 교육에 활용하는 경우가 많이 늘어나면서 사용 연령 제한에 대한 이슈가 뜨겁습니다. 예를 들어, ChatGPT는 만 13세 미만의 미성년자는 사용할 수 없으며 18세 미만의 미성년자의 경우 보호자의 동의를 받아야 사용 가능합니다. 네이버의 하이퍼 클로바 X는 만 19세 이상만 사용 가능하며, 구글의 Gemini는 만 13세 이상 구글 계정을 생성하는 조건으로 이용 가능합니다. 카카오톡 채널인 AskUp은 만 13세 미만의 경우 부모나 법적 보호자의 동의 하에 이용 가능합니다.

다양한 챗봇을 비롯한 생성형 AI 기술이 새로운 시대의 필수적인 기술이며, 무한한 가능성을 바탕으로 업무나 학업에 큰 도움이 될 수 있음에도 이렇게 연령 제한을 하는 이유는 무엇일까요? **첫째**, 개인정보 노출 가능성 때문입니다. 생성형 AI와 대화를 할 때 학생들이 가족이나 학교 등 개인정보를 노출할 수 있고, 생성형 AI의 특성상 불특정 다수와 정보를 공유하게 될 수 있어 이러한 위험을 사전에 막기 위함입니다. **둘째**, 부적절한 대답의 가능성이 있기 때문입니다. 생성형 AI는 어떤 질문이든 그에 대한 대답을 제공하기 때문에 부적절한 언어나 내용을 입력했을 경우 대답 역시 부적절하게 생성될 수 있습니다. **셋째**, 편향성과 이에 대한 비판적 사고의 부족 때문입니다. 생성형 AI의 답변이 편향적일 수 있는데 아직 어린 학습자의 경우 이를 비판적으로 받아들이지 못하고, 맹신하게 되는 경우 편향적 사고를 가지게 될 수 있습니다.

이러한 이유로 많은 생성형 AI 서비스들이 청소년 보호 정책을 마련하고 시행하고 있습니다. 예를 들어, 뤼튼의 경우 만 14세 미만의 사용자에게 보호자의 동의 하에 서비스를 제공하고 있으며, '유해정보에 대한 청소년접근제한 및 관리 조치', '청소년 유해정보 처리에 관한 문의 사항 및 기술적 대응 관리' 등의 지침을 통해 청소년이 건전한 인격체로 성장할 수 있도록 돕고 있습니다.

청소년 보호 정책

뤼튼 청소년 보호 정책

뤼튼테크놀로지스("회사" 또는 "뤼튼"이라 함)는 청소년이 건전한 인격체로 성장할 수 있도록 하기 위하여 청소년 보호 정책을 수립하고 관련 기술 개발 및 실행하고 있습니다.

뤼튼은 만 14세 미만의 사용자에게 보호자의 동의 하에 서비스를 제공 하고 있습니다.

만약 귀하께서 14세 미만 청소년의 보호자이신 경우, 당사 서비스 이용 약관 및 개인정보 보호 정책을 참고하시어 어린이가 뤼튼 서비스를 이용하도록 허용하기 위하여 필요한 정보를 확인해주시기 바랍니다. 그 외 최소 연령 미만 사용자의 이용 관련 추가적인 보유 기술 현황 및 정책 등이 궁금하시다면, 뤼튼 담당 부서(support@wrtn.io)로 연락 해 주십시오.

회사는 본 청소년 보호정책을 통하여 회사가 청소년보호를 위해 어떠한 조치를 취하고 있는지 아래와 같이 알려 드립니다.

출처: 뤼튼 청소년 보호 정책(https://sso.wrtn.ai/policy/youth?redirect_uri=https%3A%2F%2Fwrtn.ai%2F)

사용 방법을 알아봐요

한국형 ChatGPT라 불리는 뤼튼(Wrtn)에 대해 알아봅니다. 뤼튼(https://wrtn.ai/)을 활용하기 위해서는 먼저 회원가입을 해야 합니다.

01 ▶ 구글 검색 창에 뤼튼을 검색하거나 https://wrtn.ai/을 입력합니다. 좌측 하단에 [로그인] 버튼이 있습니다.

02 ▶ 카카오 계정이나 구글 계정 등과 연동해 회원가입을 할 수 있습니다.

03 ▶ 좌측 상단에 있는 메뉴를 확인합니다. 홈, 캐릭터 챗, 자동 완성 등이 있습니다. 블로그를 선택합니다.

04▸ 게시물의 종류를 "리뷰"로 선택합니다. 예시에서는 게시물의 주제를 "한의원 치료 후기"로 입력하고, 말투를 "～습니다체"로 결정한 뒤 예시 문장을 넣습니다.

05▸ 기타 핵심 내용을 정하고, 실제 이미지가 있는 경우 이미지 첨부를 하고, 없다면 이미지가 자동 추천되도록 합니다. 완성했다면 **[자동 완성]** 버튼을 클릭합니다.

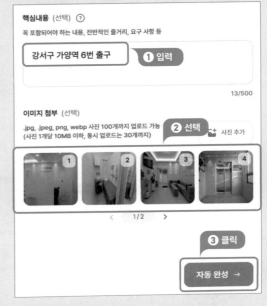

06▸ 여러 개의 블로그가 생성되었습니다. 제일 마음에 드는 후기를 선택합니다. 내용을 꼼꼼하게 읽으며 수정할 부분이 있다면 수정합니다.

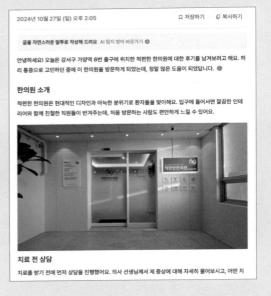

07▶ 이번에는 [PPT 초안]을 선택합니다.

08▶ 발표 내용을 입력합니다. 예시에서는 "디지털 대전환시대의 교육"이라고 입력했습니다. PPT 분량도 정해줄 수 있습니다.

09▶ 목차가 자동으로 생성되는 것을 확인할 수 있습니다. 목차를 보고 수정할 부분은 수정해 줍니다. 이상이 없다면 [이 목차로 PPT 완성하기] 버튼을 클릭합니다. 이제 PPT 파일이 다운로드 됩니다.

10▶ 이번에는 [완벽 요약]을 클릭합니다.

11▶ 요약하기를 원하는 유튜브 영상의 링크를 입력합니다. 맛보기 요약을 읽고, [완벽 요약] 버튼을 클릭합니다.

12 유튜브 전체 스크립트를 만들고, 요약본도 항목별로 제시해 주는 것을 확인할 수 있습니다.

13 이외에도 문서, 웹사이트, 텍스트 등도 완벽하게 요약해 줍니다.

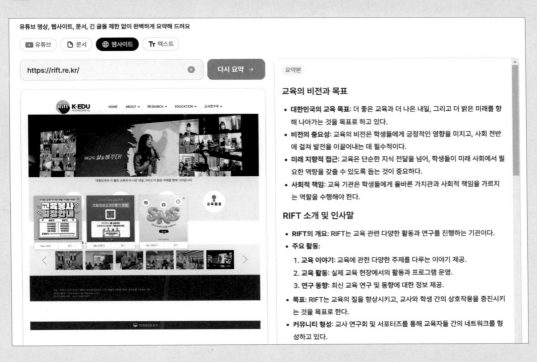

챗봇을 만들어요

01 뤼튼 메인 페이지 하단 중앙에 있는 작은 메뉴 중 [**스튜디오**]를 클릭합니다.

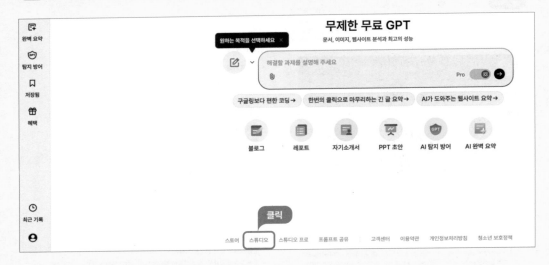

02 내 대시보드에 툴과 챗봇이 있습니다.

- 툴은 일정한 양식에 맞춰서 빈칸에 내용을 입력하거나 옵션을 선택하고 [**생성**] 버튼을 누르면 AI가 결과값을 만들어 내기 때문에 일정하게 반복된 일을 수행하기에 적합합니다.

- 챗봇은 유연한 대화를 통해 문제 해결에 접근할 때 사용하기 편리합니다.

- 좌측 상단에 있는 [**+새 툴/챗봇 만들기**] 버튼을 클릭합니다.

03▸ [챗봇 만들기]를 선택합니다.

04▸ 1단계 기본 정보를 입력합니다. 아이콘은 원하는 것으로 선택하고, 이름을 입력합니다. 예시에서는 "우리 반 상담봇"이라고 입력했습니다. 소개에는 "우리 반 친구들의 고민을 들어주는 상담봇입니다."를 입력했습니다.

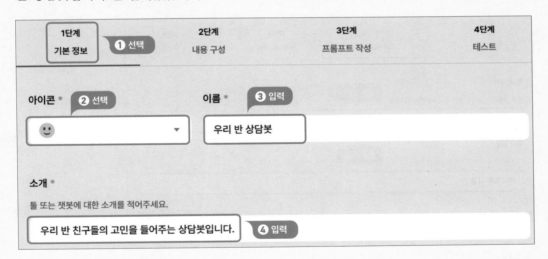

05 ▶ **카테고리**는 5개까지 선택 가능합니다. 범용/일반, 블로그, 마케팅, 쇼핑몰, 학생, 업무용 등이 있습니다. 예시에서는 "학생"과 "교육"을 선택했습니다. **공개 여부**는 "공개", **가격 여부**는 "무료"를 선택하고, [다음 단계로] 버튼을 클릭합니다.

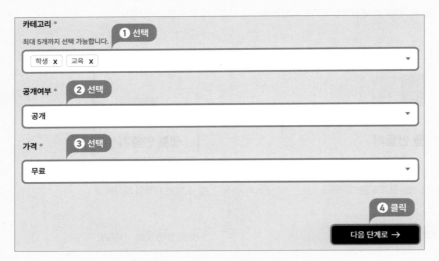

06 ▶ 2단계에서는 내용 구성을 해야 합니다. 챗봇 사용 시 처음으로 보낼 메시지인 **첫 메시지**를 입력합니다. 예시에서는 "안녕? 무엇을 도와줄까? 고민이 있니?"를 입력했습니다. 예시 질문을 최대 3개까지 세팅할 수 있습니다. **예시 질문**을 입력합니다. 예시에서는 "친구랑 싸웠어.", "시험을 망쳤어."를 입력했습니다. 다 입력했다면 [다음 단계로] 버튼을 클릭합니다.

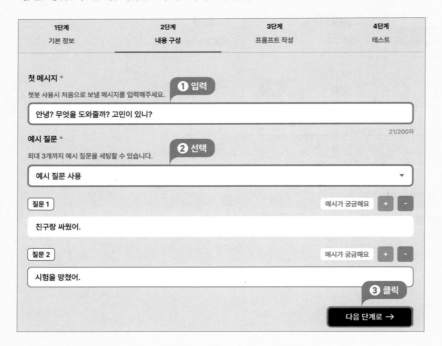

07 ▶ 3단계에서는 프롬프트를 작성해야 합니다.

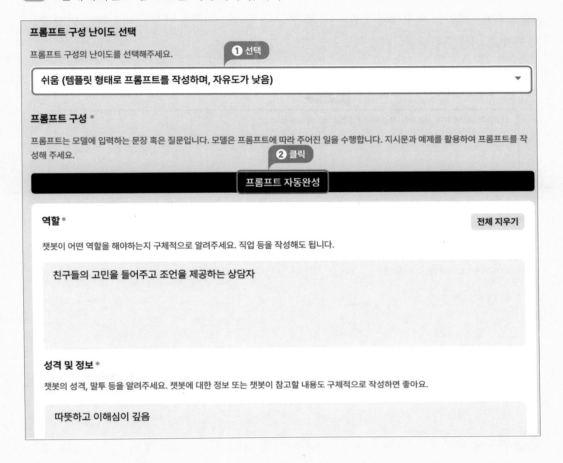

- **프롬프트 구성 난이도 선택:** 쉬움(템플릿 형태로 프롬프트를 작성하며, 자유도가 낮음) 또는 비교적 어려움(템플릿이 제공되지 않으며 프롬프트 작성 자유도가 높음) 중 하나를 선택합니다. 이 챗봇을 사용할 대상의 연령이나 수준을 고려해 선택합니다.

- **프롬프트 구성:** 다음으로 프롬프트 구성에서 **[프롬프트 자동완성]**을 클릭하면, 역할 등이 자동으로 만들어집니다. 예시에서는 "친구들의 고민을 들어주고 조언을 제공하는 상담자"로 정해졌습니다. 성격 및 정보도 자동으로 만들어집니다. 예시에서는 "따뜻하고 이해심이 깊음"으로 챗봇의 성격이 정해졌습니다.

08▶ 요구 사항 역시 자동으로 생성되었습니다. 예시에서는 "친구들의 고민에 대해 공감하며 해결책이나 조언을 제시해줘야 합니다."로 자동 저장되었습니다. 완성된 내용을 확인하고 **[다음 단계로]** 버튼을 클릭합니다.

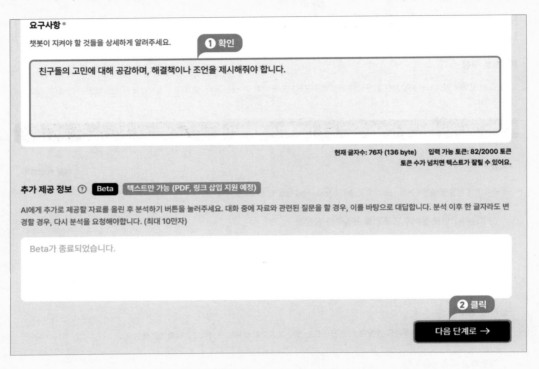

09▶ 왼쪽에 채팅 창에서 우리 반 상담봇과 대화를 나눠 봅니다. 대화가 마음에 든다면 "좋아요"를 클릭하거나 대화가 부자연스럽거나 내가 생각했던 대로 흐르지 않는다면 "별로예요"를 눌러 챗봇의 성능이 개선될 수 있도록 합니다.

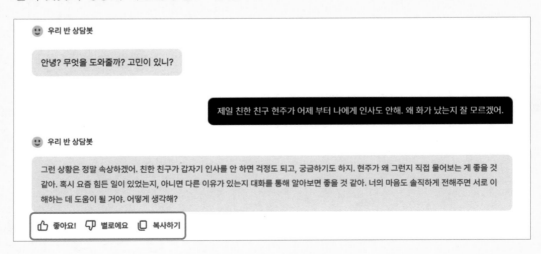

10 ▶ 충분히 대화를 나눈 후 잘 만들어졌다고 생각되면 우측 하단에 있는 [등록하기] 버튼을
클릭합니다.

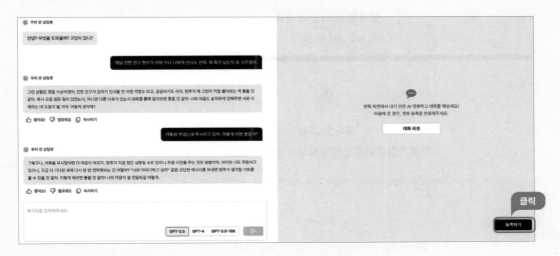

11 ▶ 챗봇 등록 화면 창이 뜨면 작성한 내용이 맞는지 확인한 뒤 이상이 없다면 [등록하기] 버
튼을 클릭합니다.

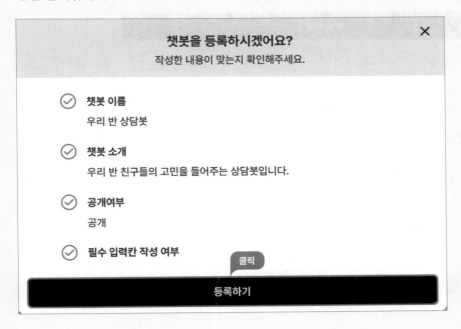

12 ▶ 적합성 심사를 받고, 심사 결과 이상이 없다고 나오면 [등록 완료] 버튼을 클릭합니다.

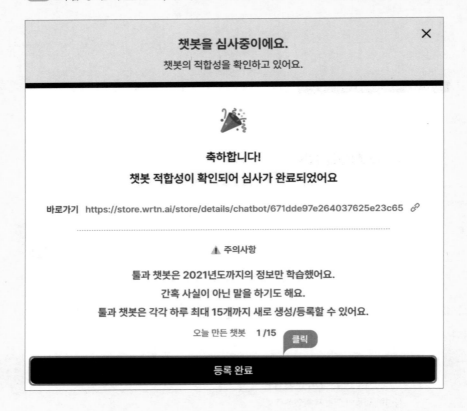

13 ▶ '내 대시보드'에서 새롭게 등록된 "우리 반 상담봇"을 확인할 수 있습니다. 스토어 바로 가기 옆에 링크(🔗)를 클릭합니다. 링크를 우리 반 학생들 또는 상담봇을 함께 사용하고 싶은 사람에게 보내 봅니다.

14 스마트폰으로 챗봇 링크를 받아 클릭하면 예시처럼 [우리 반 상담봇]과 대화할 수 있습니다.

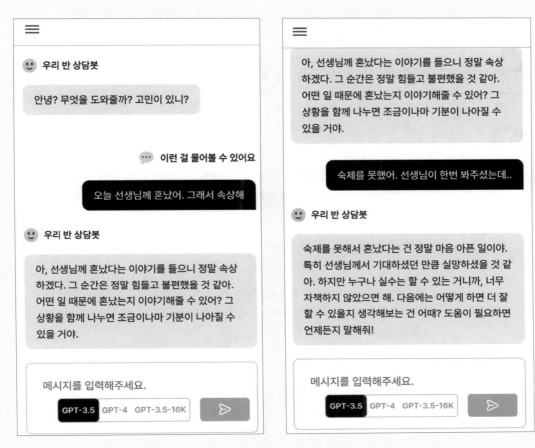

챗봇을 활용한 인공지능 수업

학교 수업이나 학습에서 챗봇을 활용할 수 있는 다양한 방법을 알아볼까요?

학교 수업이나 학습에서 챗봇을 어떻게 활용하면 좋을까요?

- **AI 튜터:** 학교 수업 시 궁금한 점이나 알고 싶은 개념이 있을 때 질문을 통해 빠르게 해결 가능합니다. 이때 챗봇은 학생의 학습을 도와주는 튜터로서 역할을 하게 됩니다.

- **프로젝트 수업 시 아이디어 제공:** 프로젝트 수업에서 문제 해결 전략을 세워야 할 때 챗봇을 활용하면 문제 상황을 분석하고, 이를 해결할 수 있는 다양한 아이디어를 제시해 줄 수 있습니다.

- **언어 학습 파트너:** 말하기나 읽기 등 언어 학습 시 챗봇이 유용한 도구가 될 수 있습니다. 또는 실시간 문법 교정 및 적절한 어휘 제공도 가능하므로 다양한 언어 학습 측면에서 활용해 봅니다.

- **챗봇 만들기를 통한 인공지능 원리 이해하기:** 뤼튼, 구글의 다이얼로그 플로우 등 챗봇 만들기 플랫폼을 활용한 수업을 통해 인공지능이 자연어를 처리하는 원리나 학습하는 원리에 대해 이해할 수 있습니다.

챗봇 만들기를 주제로 하는 인공지능 수업을 할 때 어떤 챗봇 만들기를 하면 좋을까요?

학생들과 챗봇 만들기 수업을 할 때 만들어 보면 좋은 챗봇의 예시는 다음과 같습니다.

- **숙제 도우미 챗봇:** 주제별 지침이나 단계별 문제 해결 방법, 추가 연구를 위한 영상이나 기사 제공 등 학생들의 숙제를 돕는 챗봇을 만들어 봅니다.

- **어학 연습 챗봇:** 문법 교정, 어휘 퀴즈, 발음 팁 및 대화 시뮬레이션 등 학생들의 어학 연습을 위한 챗봇을 만들어 봅니다.

- **멘탈 케어 챗봇:** 휴식 방법 안내, 동기 부여 메시지 전달, 상담 등 학생들의 감정을 조절하고 정신 건강에 대해 조언을 제공하는 챗봇을 만들어 봅니다.

- **진로 지도 챗봇:** 이력서 작성에 대한 조언, 인터뷰 팁, 추천 직업 등에 대해 안내하는 진로 지도 챗봇을 만들어 봅니다.

- **학습 플래너 챗봇:** 공부 계획 관리, 일정 알림, 학습 목표에 따른 맞춤형 학습 팁 등을 제공하는 학습 플래너 챗봇을 만들어 봅니다.

Wrtn을 활용한 챗봇 만들기 수업

관련교과	시간	관련 학습 요소	디지털 리터러시				인공지능 리터러시			
			디지털 정보 리터러시	디지털 의사소통	디지털 창의성	디지털 안전	인공지능 이해	인공지능과의 상호 작용	데이터 이해	인공지능의 사회적 영향
정보/윤리	2차시		V	V	V	V	V	V	V	V

학습 주제	Wrtn을 활용한 챗봇 만들기 수업
2022 교육과정	[정보][9정04-05] 인공지능 학습에 필요한 데이터의 수집과 활용에서 발생하는 윤리적인 문제의 해결 방안을 구상한다. [윤리][9도03-07] 현대 과학기술과 관련된 윤리적 쟁점의 분석을 통해 과학기술의 유용성과 한계를 인식하고, 과학기술의 바람직한 활용에 관한 관심과 책임 의식을 기른다.
학습 도구	노트북 또는 태블릿, 필기구

교수·학습 활동 요약

동기 유발	• 챗봇을 사용해 본 경험 이야기하기

학습 활동	[학습 목표]
	Wrtn을 활용한 챗봇 만들기
	
	활동 1) Wrtn의 사용 방법 알기
	 • Wrtn 사이트에 접속하여 회원가입 및 로그인을 해 봅시다.
	 • Wrtn을 활용해 할 수 있는 다양한 기능을 체험해 봅시다.
	
	  ① 원하는 유튜브 영상을 요약해 보기
	  ② 문서를 업로드해 요약해 보기
	  ③ 자신이 만들고 싶은 발표 자료를 Wrtn을 활용해 초안 만들기
	
	활동 2) Wrtn을 활용한 챗봇 만들기
	 • Wrtn 스튜디오에서 다양한 챗봇을 체험해 봅시다.
	 • 내가 만들고 싶은 챗봇을 떠올려 보고, 어떤 질문과 답이 오갈지 구상해 봅시다.
	 • 템플릿을 활용해 챗봇을 만들어 봅시다.
	
	활동 3) 챗봇이 우리 생활에 미치는 영향 알기
	 • 챗봇을 사용하면 어떤 점이 좋은지 이야기해 봅시다.
	 • 챗봇을 사용할 때 어떤 점을 주의해야 할지, 어떤 문제점이 나타날 수 있는지 이야기해 봅시다.
	 • 챗봇을 잘못 활용했을 경우 발생할 수 있는 문제를 예방하기 위한 방법을 이야기해 봅시다.
	 • 챗봇 사용 시 연령 제한이 있는 이유를 생각해 보고 연령 제한을 두는 것이 타당한지 이야기해 봅시다.
	 • Wrtn을 사용해 챗봇을 만들면서 내가 만들고 싶은 새로운 챗봇이 무엇인지 이야기해 봅시다.
	 • 성능이 좋은 챗봇을 만들기 위해서는 무엇이 필요한지 이야기해 봅시다.

학습 정리	• 오늘 배운 내용 정리하기
평가	• (자기평가) Wrtn을 활용해 스스로 원하는 챗봇을 만들 수 있는지 확인하기

Chapter 15

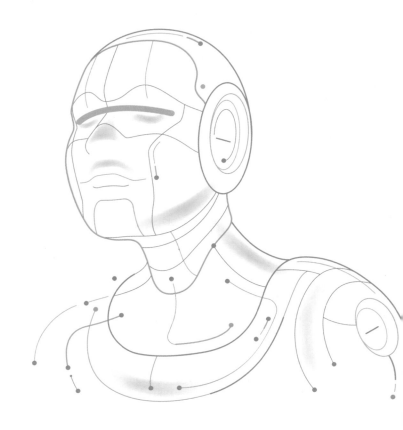

Canva AI로
준비하는
프레젠테이션

디지털 콘텐츠의 소비자에서
생산자로 나아가기

오늘날 디지털 시대에는 손끝 하나만으로도 접할 수 있는 콘텐츠의 양이 매우 많습니다. 다양한 스트리밍 플랫폼에서 소셜 미디어에 이르기까지, 끝없이 디지털 자료를 소비하게 만들며 때로는 디지털 중독이나 생산성 저하, 정신 건강 악화 등 부정적인 영향을 초래하기도 합니다. 이러한 문제를 해결하기 위해, 수동적인 소비자에서 디지털 콘텐츠의 능동적인 생산자로 전환해 보면 어떨까요?

디지털 중독은 소비가 제공하는 즉각적인 만족감에서 비롯됩니다. 쇼를 몰아서 보고, 소셜 미디어를 끝없이 스크롤하거나, 몇 시간 동안 게임을 하는 것은 디지털에 대한 의존성을 크게 만들뿐 아니라 창의력을 제한하고, 단순히 반응하는 사고방식을 강화합니다. 이러한 습관이 방치되면 공허함, 낮은 자존감, 심지어 우울감으로 이어질 수 있습니다. 반면 디지털 콘텐츠를 생산하는 것은 단순한 소비자가 아닌 창작자가 되도록 격려합니다. 콘텐츠 제작 활동은 계획하게 하고, 문제를 해결하도록 하며, 스토리텔링 등 고차원적인 사고력을 활발히 참여시키는 활동입니다. 또한 블로그를 작성하거나, 동영상을 제작하거나, 음악을 작곡하거나, 그래픽을 디자인하는 등 다양한 생산 활동은 성취감과 목적의식을 제공합니다. 또한 개인의 독특한 관점과 아이디어를 표현할 수 있어 자신감을 키우고, 능동적인 사고방식을 형성합니다.

더 나아가 디지털 콘텐츠를 제작하는 것은 디지털 중독을 예방하는 데에도 효과적일 수 있습니다. 생산에 집중함으로써 사람들은 수동적인 흡수에서 능동적인 참여로 주의를 전환합니다. 이러한 전환은 무의미한 소비에 소요되는 시간을 줄이고, 능동적인 사고를 활성화할 뿐 아니라 디지털 환경을 보다 의식적으로 탐색할 수 있는 통제력과 자기관리력을 키워줍니다. 따라서 우리는 디지털 세대의 학생들을 교육할 때 단순한 디지털 콘텐츠 소비자에서 벗어나 디지털 콘텐츠를 만들어 내는 생산자로 키워줄 필요가 있습니다. 이러한 전환은 창의력, 자신감, 디지털 세상을 살아가는 균형감을 키우는데 효과적입니다. 소비는 디지털 경험의 필수적인 부분이지만, 생산을 우선시함으로써 기술의 잠재력을 더욱 의미 있는 방식으로 활용할 수 있습니다.

출처: ChatGPT에서 생성된 이미지, 2024년 11월 24일, Open AI (https://chatgpt.com/)

프레젠테이션을 만들어 주는 생성형 AI

학생들과 직장인들 사이에서 가장 인기있는 생성형 AI는 무엇일까요? 바로 프레젠테이션을 만들어 주는 생성형 AI 도구입니다. 프레젠테이션을 만들어 주는 생성형 AI는 기계학습과 자연어 처리 기술을 활용하여 텍스트나 사진과 같은 입력 데이터를 분석한 후 프레젠테이션을 생성합니다. 슬라이드 레이아웃, 콘텐츠 제작, 스타일 아이디어와 같은 프로세스를 자동화하여 사용자가 더 빠르고 효율적으로 슬라이드 쇼를 만들 수 있도록 도와줍니다.

생성형 AI로 프레젠테이션을 만들면 다음과 같은 이점이 있습니다. **첫째,** 시간을 절약해 줍니다. 생성형 AI는 레이아웃 디자인, 콘텐츠 제안, 슬라이드 포맷팅 등 프레젠테이션 생성에 필요한 많은 작업을 자동화함으로써 시간을 절약합니다. 이를 통해 사용자는 직접 프레젠테이션을 만들 때보다 많은 시간을 절약할 수 있습니다. **둘째,** 효율성을 높여줍니다. 인공지능의 도움을 받으면 사용자는 복잡한 디자인 기술이나 프레젠테이션 생성 경험이 없이도 전문적인 슬라이드를 제작할 수 있습니다. **셋째,** 일관성을 유지해 줍니다. 인공지능은 미리 정해진 템플릿, 스타일 등을 활용해 슬라이드 간의 일관성을 보장하여 프레젠테이션 전반에 걸쳐 일관된 모습을 제공합니다.

넷째, 접근성이 좋습니다. 생성형 AI를 활용한 프레젠테이션의 경우 대부분 온라인 상에서 작업이 이루어집니다. 사용자가 인터넷이 연결되어 있다면 언제, 어디서든 다양한 장치에서 프레젠테이션을 만들 수 있습니다.

프레젠테이션을 만들어 주는 대표적인 생성형 AI에는 ChatGPT, Tome AI, Canva 등이 있습니다. ChatGPT의 GPT 탐색 기능을 활용하면 PPT 제작이 간편해집니다. 사용자가 원하는 주제나 템플릿 스타일을 입력하면, AI가 내용을 구성하고 슬라이드 디자인까지 자동으로 제안합니다. 번거로운 레이아웃 작업 없이 효율적으로 발표 자료를 준비할 수 있으며, 필요에 따라 슬라이드를 수정하거나 추가 요청을 할 수도 있습니다. 이 기능은 시간 절약은 물론, 창의적인 아이디어 구상에도 도움을 줍니다.

출처: ChatGPT(https://chatgpt.com/)

Tome AI는 마케팅 및 영업팀을 위해 설계된 AI 프레젠테이션 플랫폼으로 사용자가 입력한 텍스트를 분석하여 텍스트와 비주얼이 포함된 프레젠테이션을 생성합니다. Tome AI를 사용하면 프레젠테이션, 영업 프레젠테이션, 연구 보고서, 랜딩 페이지, 제품 디자인 리뷰와 같은 프레젠테이션 기반 작업을 보다 쉽게 완료할 수 있습니다. 수동으로 완료하는 데 며칠 또는 몇 주가 걸리는 작업을 Tome AI를 사용하면 몇 시간 내에 완료할 수 있습니다. 또한 Tome AI는 구글 이미지, 유튜브, 구글 스프레드시트와 같은 인기 애플리케이션과의 통합 기능을 제공합니다. 따라서 프레젠테이션에 동영상을 삽입하거나 프레젠테이션을 Google 스프레드시트로 전송할 수 있습니다.

출처: Tome AI(https://tome.app/)

Canva는 프레젠테이션, 포스터, 문서 및 기타 시각적 콘텐츠를 만들기 위해 사용되는 그래픽 디자인 플랫폼입니다. 25만 개 이상의 무료 템플릿을 자유롭게 사용할 수 있고, 드래그 앤 드롭 방식의 편집으로 디자인을 처음 시작하는 초보자도 쉽게 활용할 수 있습니다. 또한 기존 PDF, PPT, 워드 문서, 이미지 등을 업로드한 뒤 자유롭게 편집할 수 있고 디자인 목업 작업, 데이터 시각화 기능 등을 활용해 전문적인 작업도 어렵지 않게 수행할 수 있습니다.

출처: Canva(https://www.canva.com/)

사용 방법을 알아봐요

칸바(https://www.canva.com/ko_kr/)의 AI 기술을 활용해 프레젠테이션을 만들어 봅시다.

01 ▶ 구글 검색 창에서 "캔바" 또는 "칸바"를 입력합니다.

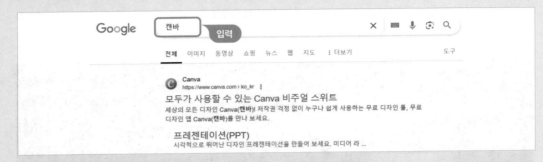

02 ▶ 칸바는 다양한 유형의 콘텐츠를 만들기 위한 디자인 플랫폼입니다.

03 ▶ 메인 화면 아래에는 다양한 요금제가 나와 있습니다. 무료 칸바, Pro 무료 체험하기 등을 선택해 어떤 기능이 있는지 확인해도 좋습니다. AI 기능을 사용하고 싶다면 [Pro 무료 체험 시작하기]를 선택합니다.

04 ▶ 칸바 이용 약관에 동의를 한 후 구글 등의 SNS 계정과 연동하여 회원가입을 하거나
메일을 입력해 회원가입을 진행합니다.

05 ▶ 메인 화면을 확인합니다. 문서, 화이트보드, 프레젠테이션, 소셜, 영상 등 다양한 디자인
이 가능합니다.

06 ▶ 좌측 상단에 있는 메뉴 중 [+디자인 만들기] 버튼을 클릭합니다. 팝업 창의 왼쪽에서 "프
레젠테이션"을 선택합니다.

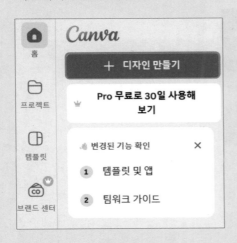

07 만들고자 하는 프레젠테이션의 유형(16:9, 모바일 최적화, 4:3 등)을 먼저 정합니다.

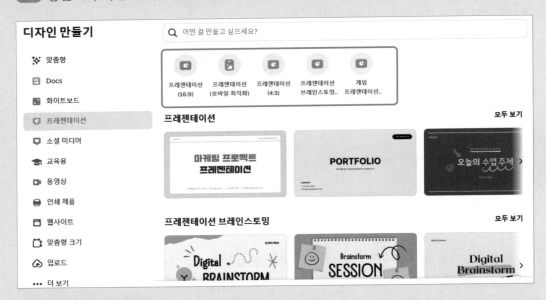

08 좌측 상단에 다양한 메뉴가 있습니다. [디자인]을 클릭하면 프레젠테이션의 기본 탬플릿을 선택할 수 있습니다. 예시에는 "디지털 전환 시대와 혁신"을 입력했고, 디지털 전환, 디지털 혁신 등을 주제로 하는 다양한 템플릿이 보입니다.

09 마음에 드는 템플릿을 선택합니다. 왕관 모양이 있는 템플릿은 유료 버전이므로 왕관이 없는 것을 사용하거나 유료로 회원가입해 다양한 템플릿을 선택하도록 합니다.

10 표지에 만들기를 원하는 프레젠테이션의 제목을 입력하고, 아래에는 자신의 소속과 이름을 입력합니다. 프레젠테이션 상단에 글꼴, 크기, 진하기 등 다양한 편집 버튼들이 있습니다. 자신의 기호에 맞게 편집합니다.

프레젠테이션을 만들어요

인공지능의 도움을 받아 프레젠테이션을 완성해 봅시다.

01 프레젠테이션의 내용을 만들기 위해 표지 다음 페이지를 선택한 상태에서 왼쪽 메뉴의 제일 아래에 있는 생성(✶) 버튼을 누릅니다.

02 추천 작업에서 Magic Write를 누릅니다. 30일 Pro 체험하기로 사용할 수 있는 메뉴입니다.

03 프롬프트 창에 작성하기를 원하는 발표 자료의 주제와 세부 목차를 작성합니다. 작성한 뒤 [생성하기] 버튼을 클릭합니다.

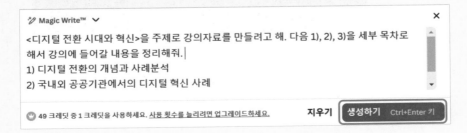

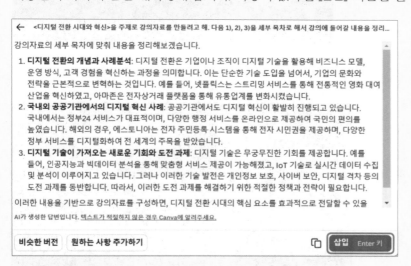

프롬프트 예시

<디지털 전환 시대와 혁신>을 주제로 강의자료를 만들려고 해. 다음 1), 2), 3)을 세부 목차로 해서 강의에 들어갈 내용을 정리해 줘.

1) 디지털 전환의 개념과 사례분석

2) 국내외 공공기관에서의 디지털 혁신 사례

3) 디지털 기술이 가져오는 새로운 기회와 도전 과제

04 간단한 내용이 작성된 것을 확인할 수 있습니다. 하단에 있는 [비슷한 버전] 버튼을 클릭하면 유사한 내용으로 다시 내용이 작성되고, [원하는 사항 추가하기] 버튼을 클릭하면 원하는 내용을 추가하여 글을 재작성해 줍니다. 이상이 없다면 [삽입] 버튼을 클릭합니다.

← <디지털 전환 시대와 혁신>을 주제로 강의자료를 만들려고 해. 다음 1), 2), 3)을 세부 목차로 해서 강의에 들어갈 내용을 정리...

강의자료의 세부 목차에 맞춰 내용을 정리해보겠습니다.

1. **디지털 전환의 개념과 사례분석**: 디지털 전환은 기업이나 조직이 디지털 기술을 활용해 비즈니스 모델, 운영 방식, 고객 경험을 혁신하는 과정을 의미합니다. 이는 단순한 기술 도입을 넘어서, 기업의 문화와 전략을 근본적으로 변혁하는 것입니다. 예를 들어, 넷플릭스는 스트리밍 서비스를 통해 전통적인 영화 대여 산업을 혁신하였고, 아마존은 전자상거래 플랫폼을 통해 유통업계를 변화시켰습니다.
2. **국내외 공공기관에서의 디지털 혁신 사례**: 공공기관에서도 디지털 혁신이 활발히 진행되고 있습니다. 국내에서는 정부24 서비스가 대표적이며, 다양한 행정 서비스를 온라인으로 제공하여 국민의 편의를 높였습니다. 해외의 경우, 에스토니아는 전자 주민등록 시스템을 통해 전자 시민권을 제공하며, 다양한 정부 서비스를 디지털화하여 전 세계의 주목을 받았습니다.
3. **디지털 기술이 가져오는 새로운 기회와 도전 과제**: 디지털 기술은 무궁무진한 기회를 제공합니다. 예를 들어, 인공지능과 빅데이터 분석을 통해 맞춤형 서비스 제공이 가능해졌고, IoT 기술로 실시간 데이터 수집 및 분석이 이루어지고 있습니다. 그러나 이러한 기술 발전은 개인정보 보호, 사이버 보안, 디지털 격차 등의 도전 과제를 동반합니다. 따라서, 이러한 도전 과제를 해결하기 위한 적절한 정책과 전략이 필요합니다.

이러한 내용을 기반으로 강의자료를 구성하면, 디지털 전환 시대의 핵심 요소를 효과적으로 전달할 수 있을

AI가 생성한 답변입니다. 텍스트가 적절하지 않은 경우 Canva에 알려주세요.

비슷한 버전   원하는 사항 추가하기   삽입 Enter 키

05 두 번째 프레젠테이션에 내용이 삽입된 것을 확인할 수 있습니다.

06 ▶ 첫 번째 소주제의 내용만 남기고 나머지는 삭제합니다. 왼쪽 메뉴의 텍스트를 선택한 뒤 [제목 추가] 또는 [텍스트 상자 추가]를 클릭해 소제목을 입력합니다.

07 ▶ 상단 메뉴바에서 글자의 크기나 줄 간격, 서식 등을 편집할 수 있습니다. 원하는 글꼴과 색깔, 서식 등을 지정해 보기 좋게 만듭니다.

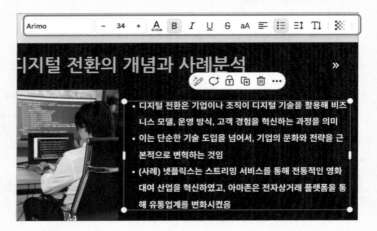

08 ▶ 두 번째 소주제 슬라이드도 같은 방법으로 만들어 줍니다. 사진을 교체하고 싶다면 사진을 선택한 뒤 휴지통 모양의 버튼을 클릭합니다.

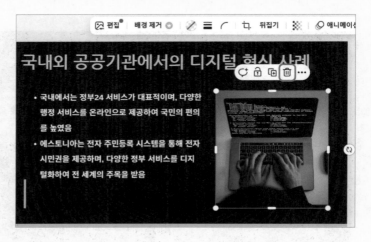

09 ▶ 그림을 교체하려면 현재 이미지만 삭제해 주기 위해 "이미지 삭제"를, 그림을 아예 제외하고 싶다면 "프레임 삭제"를 선택합니다.

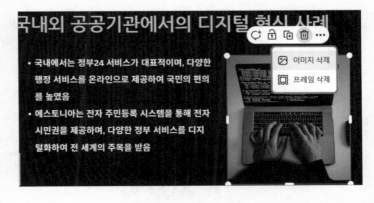

10 ▶ 새 그림을 넣어주기 위해 왼쪽 메뉴에 있는 요소를 선택한 뒤 검색 창에 "디지털 정부"를 입력해 줍니다.

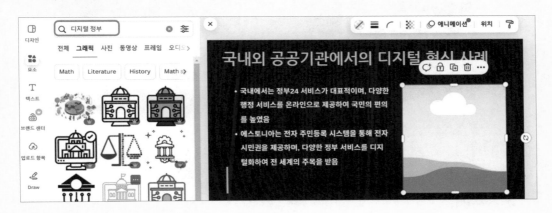

11 ▶ 원하는 그림을 선택한 뒤 프레임 속에 넣어 줍니다. 그림이 마음에 들지 않는다면 원하는 그림을 생성해 줄 수 있습니다. 그림을 선택합니다.

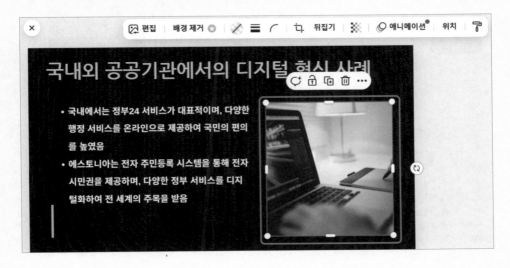

12 ▶ 이미지를 찾았던 곳에서 [이미지 생성] 버튼을 클릭합니다.

13 ▶ 프롬프트 창이 나타나면 원하는 이미지의 모습을 입력하고 [이미지 생성] 버튼을 클릭합니다.

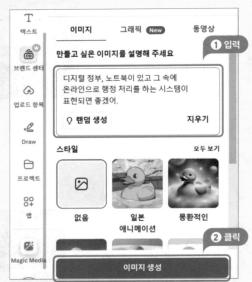

14 ▶ 입력한 프롬프트의 내용 중 핵심 단어가 워드 클라우드 형태로 표현되며 이미지가 만들어 집니다.

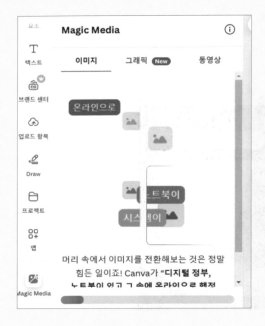

15 ▶ 생성된 이미지 중 원하는 이미지를 선택합니다.

16 ▶ 두 번째 주제에 대한 슬라이드가 완성되었습니다.

17 ▶ 같은 방법으로 텍스트와 이미지를 정리합니다.

AI를 활용한 디지털 콘텐츠 창작 교육

AI를 활용한 디지털 콘텐츠 창작 교육의 좋은 점과 어려운 점은 무엇일까요?

AI를 활용한 디지털 콘텐츠 창작 교육은 학생들에게 어떤 도움을 줄 수 있을까요?

AI를 활용한 디지털 콘텐츠 창작 교육은 학생들에게 다음과 같은 도움을 줄 수 있습니다.

- **첫째**, 창의력과 자기 표현을 촉진합니다. AI 기반 도구를 사용하면 학생들은 그래픽 디자인, 비디오 편집, 애니메이션 생성, 음악 작곡 등 콘텐츠를 만드는 새로운 방법을 탐색할 수 있습니다. 이러한 도구는 기술적 프로세스를 단순화하여 학생들이 창의적인 스토리텔링과 개인적인 표현에 집중할 수 있도록 해 줍니다.

- **둘째**, 디지털 리터러시 향상에 도움이 됩니다. 학생들은 AI를 활용한 디지털 콘텐츠 창작을 경험하며 다양한 디지털 플랫폼이나 소프트웨어, 최신 기술에 대해 실질적인 이해를 하게 되고, 이를 활용하는 방법을 배우게 됩니다.

- **셋째**, 비판적 사고와 문제 해결력 향상에 도움이 됩니다. AI 기반의 도구를 활용할 때 AI가 생성해 주는 콘텐츠를 그대로 사용하는 것이 아니라 AI가 생성해 준 결과물은 반드시 비판적 사고를 거쳐 수정, 보완 작업을 진행해야 합니다. 그 과정에서 비판적 사고와 문제 해결력을 키울 수 있습니다.

학생들이 AI 도구를 사용하여 디지털 콘텐츠를 만드는 방법을 배울 때 어떤 어려움에 직면할 수 있으며, 교사는 이를 어떻게 해결할 수 있나요?

- **첫째**, 기술적 문제에 직면할 수 있습니다. 학생들이 사용하는 AI 기반 도구는 비교적 손쉽게 활용할 수 있는 도구이지만, 때에 따라 교사의 개별적 지도가 필요합니다.

- **둘째**, 학생들이 저작권법을 위반하는 콘텐츠를 생성하거나 오해의 소지가 있는 정보를 활용할 수 있으므로 교사의 지도가 필요합니다. 특히 생성형 AI를 활용한 콘텐츠의 경우에 출처를 반드시 표기하도록 함으로써 지적 재산권에 대한 이해를 바탕으로 책임감 있는 AI 사용이 될 수 있도록 해야 합니다.

- **셋째**, 학생의 수준에 따라 디지털 역량에 격차가 있을 수 있습니다. 따라서 교사는 학생의 수준에 따라 그룹을 나눠 지도하거나 그룹을 만들 때 학생 간 역량 차이를 고려한 그룹 묶기를 통해 이 문제를 해결할 수 있습니다.

Canva를 활용한 프레젠테이션 만들기

관련교과	시간	관련학습요소	디지털 리터러시				인공지능 리터러시			
			디지털 정보 리터러시	디지털 의사소통	디지털 창의성	디지털 안전	인공지능 이해	인공지능과의 상호작용	데이터 이해	인공지능의 사회적 영향
사회/실과	2차시		V	V	V			V		V

학습 주제	정보화로 나타난 생활 모습의 변화 알아보기
2022 교육과정	[사회] [4사03-01] 최근 사회 변화의 양상과 특징을 파악하고, 그로 인해 나타난 생활 모습의 변화를 탐색한다. [실과] [6실04-02] 생활 속 디지털 기술의 중요성을 이해하고, 디지털 기기와 디지털 콘텐츠 저작 도구를 사용하여 발표 자료를 만들어 보면서 디지털 기기의 활용 능력을 기른다.
학습 도구	노트북 또는 태블릿, 필기구

교수·학습 활동 요약	
동기 유발	• 디지털 기술의 발전으로 달라진 우리 생활의 모습 떠올리기
학습 활동	**[학습 목표]** **정보화로 나타난 생활 모습의 변화 알아보기** **활동 1) 정보화로 인한 학교 생활의 변화 모습 알아보기** • 온라인 수업을 하거나 디지털 교과서를 활용해 수업을 합니다. • 스마트폰 미러링을 활용해 수업을 하기도 하고, 학교에는 미세먼지 측정기가 설치되어 있습니다. • CCTV가 설치되어 있어 우리의 안전을 지켜줍니다. **활동 2) 정보화로 달라진 행정의 모습 알아보기** • 엄마가 주민등록등본을 집에서 출력합니다. • 은행에 가지 않아도 공과금을 스마트폰 등으로 이체할 수 있습니다. **활동 3) Canva를 활용해 정보화로 달라진 생활 모습의 변화를 정리하기** • 모둠별로 정보화로 달라진 일상생활의 모습을 어떻게 정리할지 의논합니다. • Canva를 활용해 원하는 프레젠테이션 스타일 또는 템플릿을 결정합니다. • Canva의 자동 글쓰기 기능을 활용해 프레젠테이션에 들어갈 텍스트를 생성합니다. 생성한 텍스트를 읽고, 이전에 조사한 내용과 비교하며 수정 또는 추가합니다. • Canva의 이미지 생성 기능을 활용해 글과 어울리는 그림을 추가하거나 이미지 업로드 기능을 활용해 원하는 그림을 찾아 업로드합니다. • 정리가 완료되었다면 공유 링크로 과제를 제출하고, 친구들 앞에서 모둠별로 조사한 내용을 발표합니다.
학습 정리	• 오늘 배운 내용 정리하기
평가	• (모둠 산출물 평가) Canva를 활용해 프레젠테이션 완성하기

Chapter 16

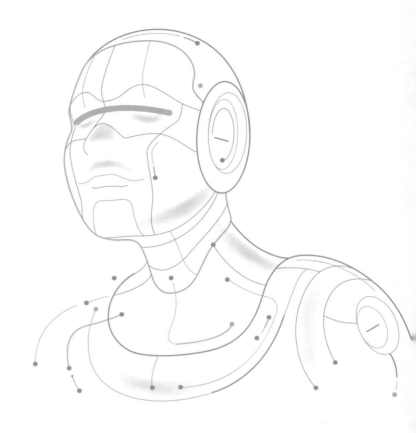

Living Archive로
춤추는 교실

구성주의에서 연결주의로, 새로운 시대의 학습

구성주의에서 학습은 주관적인 의미 구성의 과정으로서 개인의 주관적인 경험과 사회적 상호 작용을 통해 의미를 구성해 가는 과정으로 정의합니다. 개인이 자신의 환경에 적극적으로 참여하고 탐색과 협력을 통해 이해를 구축할 때 학습이 가장 잘 이루어진다고 보며, 이러한 접근 방식에서 학습자들은 정보를 수동적으로 받아들이는 존재가 아니라 교육의 여정에 적극적으로 참여하는 능동적인 존재입니다. 학습자들은 새로운 지식을 기존 경험에 적용하고, 반영하고, 연결함으로써 배웁니다. 이러한 구성주의의 기본 아이디어는 AI, IoT, Big Data 등 지능정보 기술이 더욱 발달함에 따라 '**연결주의**'로 확장됩니다.

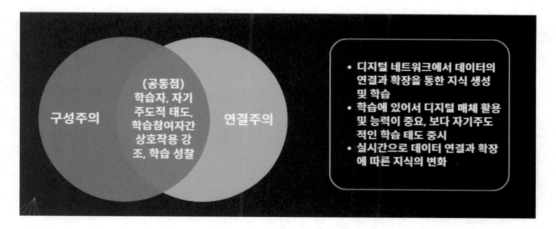

출처: 홍지연(2023), 초등학생의 디지털·AI 리터러시 향상을 위한 연결·확장·정서 기반 디지털·AI 융합 (CEM-DAIC) 교수·학습 모형 개발 및 적용

연결주의는 학습에 영향을 미치는 사회와 환경 요인에 실시간으로 자유롭고 변화무쌍한 디지털 네트워크의 특징이 보다 강하게 반영된 학습 이론입니다. 디지털 네트워크에서 데이터의 연결과 확장을 통해 지식이 생성되고 학습이 이루어진다고 보는 입장으로서 학습에 있어서 디지털 매체를 활용할 수 있는 능력과 자기주도적 학습 태도가 매우 중요합니다. 또한 실시간으로 데이터가 연결되고 확장됨으로써 지식을 구성해갈 수 있다고 봅니다.

따라서 학습에 있어서 인공지능 기술은 구성주의 교육, 나아가 연결주의 교육에 혁신적인 요소를 제공합니다. 예를 들어, Living Archive와 같은 플랫폼은 사용자가 자신의 포즈를 사진으로 촬영하고 이를 매개로 인공지능과 대화형으로 안무를 탐색하고 조작하며 생성할 수 있도록 합니다. 이는 학습자가 기술과 실시간 역동적인 상호 작용을 통해 학습에 적극적으로 참여하도록 지원할 뿐 아니라 의미를 구성해 가도록 돕습니다.

결과적으로 인공지능 기반 교육은 디지털 네트워크 환경에서 각종 소스와 데이터의 연결, 확장을 통해 이전에는 상상할 수 없었던 방식으로 구성주의 원칙과 연결주의 학습의 효과를 생생하게 구현합니다. 따라서 이러한 학습 이론과 인공지능의 융합은 미래 사회에서 필요로 하는 학습자 중심의 학습 환경을 조성하고, 실제적인 과제와 맥락을 강조하며 우리 학습자를 미래의 인재로 자라나는데 큰 역할을 할 것입니다.

사진으로 춤을 만들어 주는 인공지능

인공지능(AI)의 빠른 진화는 불가능하다고 여겨졌던 예술 분야에서도 그 역할을 톡톡히 해내고 있습니다. 그중에서도 흥미로운 기술은 사진으로부터 춤을 만들어 내는 인공지능의 능력입니다. 이는 기술과 예술을 연결할 뿐만 아니라 문화예술을 보존하고 재창조하는 데에도 기여합니다. 이러한 인공지능 서비스의 대표적인 사례가 바로 구글의 Living Archive 사이트입니다.

안무가 Wayne McGregor와 Google Arts & Culture Lab의 공동 작업인 Living Archive 프로젝트는 인공지능을 활용하여 McGregor가 무용하는 모습이 담긴 광범위한 비디오 영상을 분석합니다. 이러한 분석을 바탕으로 새로운 안무에 대한 아이디어를 생성할 수 있습니다. 즉, 사용자가 다양한 동작 포즈 중에서 선택하여 안무를 탐색하고 만들 수 있는 대화형 플랫폼을 제공합니다. 이 기능을 통해 사용자는 다양한 포즈를 연결하여 독특한 댄스 시퀀스를 완성할 수 있습니다.

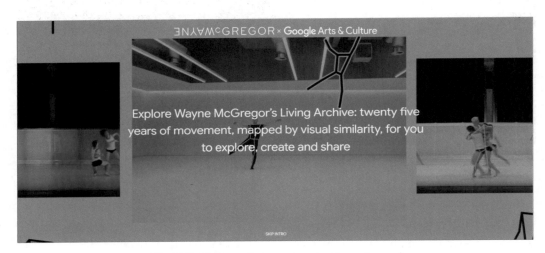

출처: 리빙 아카이브(https://artsexperiments.withgoogle.com/)

인공지능이 생성한 춤의 가장 매력적인 측면 중 하나는 예술적 표현을 재해석하고 확장할 수 있다는 점입니다. 전통적인 안무가 인간 창작자의 역량에 의존하는 반면, 인공지능은 계산적 창의성을 통해 새로운 가능성을 제시합니다. 따라서 인간 안무가가 생각하지 못했을 법한 움직임의 조합을 탐구할 수 있습니다. 이렇게 인간의 예술성과 기계의 혁신 간의 상호 작용은 예술적, 기술적 영역 모두를 풍요롭게 만들 수 있습니다. Living Archive와 같은 플랫폼을 학생들이 경험해 봄으로써 인공지능이 예술의 가능성을 계속 확장해 나갈 수 있음을 알고, 생활 속에서 인공지능을 적극 활용해 갈 수 있도록 지도합니다.

사용 방법을 알아봐요

리빙 아카이브(https://artsexperiments.withgoogle.com/living-archive)를 활용해 춤을 만들어 봅시다.

01▶ 구글 검색 창에서 "리빙 아카이브"를 입력합니다.

02▶ 구글 AI의 도움을 받아 나의 동작으로 춤을 만들 수 있는 리빙 아카이브의 메인 화면입니다. 중앙 하단에 있는 [Skip Intro]를 클릭합니다.

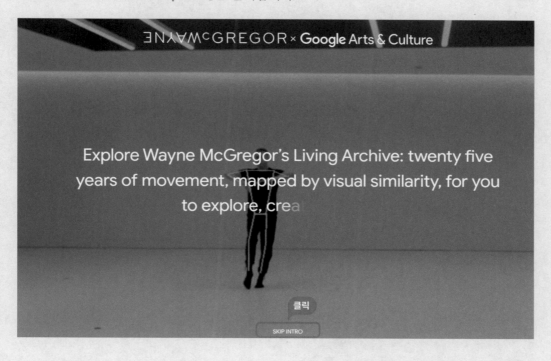

03 ▶ 시작하기 [GET STARTED] 버튼을 클릭합니다.

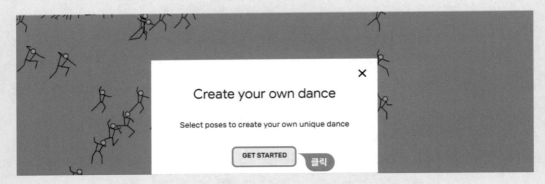

04 ▶ 굉장히 많은 춤 동작을 보여 주는 스틱맨이 있습니다. 어떤 동작들이 있는지 화면 구석 구석을 살펴봅시다.

05 ▶ 춤 동작으로 하고 싶은 스틱맨을 찾아 클릭하면 하단에 하나의 춤 동작으로 연결되어 실행되는 모습을 확인할 수 있습니다.

06 ▶ 만약 원하는 동작을 찾기가 어렵다면 [FIND A POSE] 버튼을 클릭합니다.

07 ▶ 원하는 동작을 사진으로 찍으면 해당 동작과 가장 유사한 동작의 스틱맨을 찾아줍니다. [TAKE A PICTURE]를 클릭합니다.

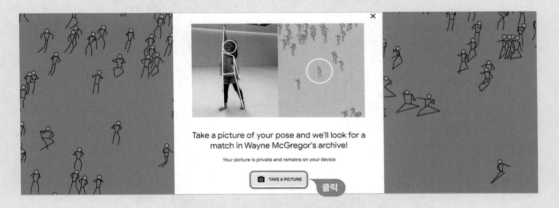

08 ▶ 노트북, 태블릿, 스마트폰 등의 카메라가 켜집니다. 카메라와 약간의 거리를 두고 선 뒤, 포즈를 취하면 5초간 카운트 다운을 한 뒤 사진이 찍힙니다. 그리고 사진 속 포즈와 가장 유사한 동작을 찾아 오른쪽 화면에 보여 줍니다. 원하는 동작이 맞다면 클릭하여 춤 동작에 포함시킵니다.

09 카메라로 동작을 인식시켜 찾은 포즈도 마지막에 포함된 것을 확인할 수 있습니다.

10 플레이를 눌러 완성한 춤 동작을 확인합니다.

뮤직 비디오를 만들어요

사진이나 영상으로 쉽게 뮤직 비디오를 만들 수 있는 VEED(https://www.veed.io/ko-KR)에 대해 알아봅니다.

01▶ VEED에 접속해 우측 상단에 있는 [회원가입] 버튼을 클릭합니다.

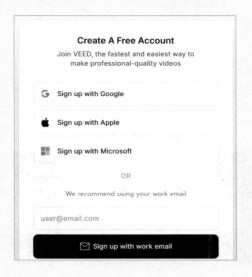

02▶ 구글, 애플 등의 계정과 연동하여 손쉽게 회원가입을 할 수 있습니다.

03▶ 사용자의 이름을 정하고 [Continue] 버튼을 클릭합니다.

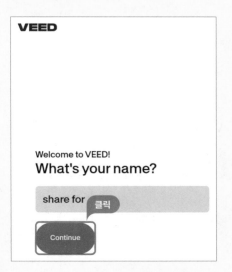

04 ▶ 질문에 대해 자신의 상황에 맞게 선택하며 다음 단계로 계속해서 넘어갑니다.

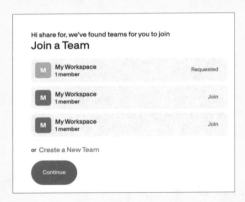 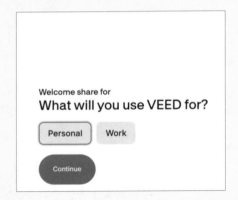

05 ▶ 회원가입이 완료되면 메인 페이지에 접근할 수 있습니다. 가운데 있는 메뉴 중 [Record Video] 버튼을 클릭합니다.

06 ▶ Screen을 선택합니다.

07 ▶ 리빙 아카이브의 실행 화면을 선택합니다.

08▶ VEED에 리빙 아카이브 화면이 들어옵니다. 소리는 이후에 추가할 예정이므로 하단에 있는 마이크 버튼을 눌러 음소거한 뒤 리빙 아카이브의 플레이 영상을 녹화하기 위해 우측 상단의 **[Record]** 버튼을 클릭합니다.

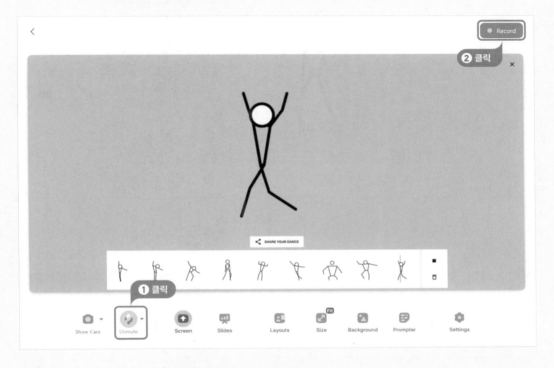

09▶ 카운트 다운되며 화면 녹화가 시작됩니다.

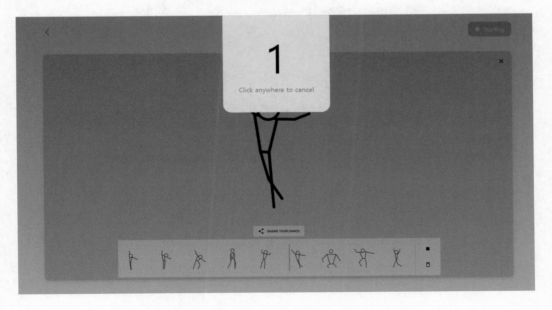

10 ▶ 리빙 아카이브의 춤 동작이 반복되며 재생되고, 화면 녹화를 1분 정도 시행합니다.

11 ▶ 녹화된 영상을 다운로드 하기 위해 우측 상단의 [Done] 버튼을 누른 뒤 워터마크 유지하기 버튼인 [Continue with watermark]를 클릭합니다.

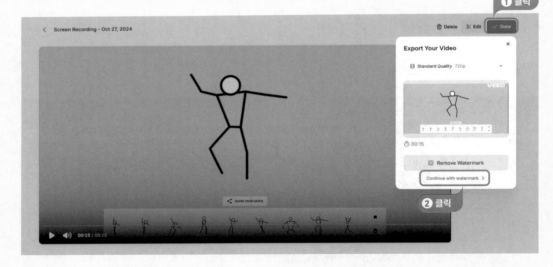

12 ▶ 워터마크가 표시되고 우측 메뉴에서 다운로드 버튼을 눌러 MP4를 선택합니다. 영상 파일이 다운로드되는 것을 확인할 수 있습니다.

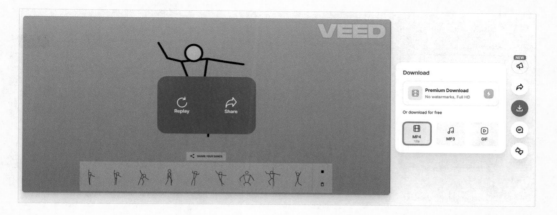

13 ▶ 상단 메뉴 중 비디오 편집 [Edit Video] 버튼을 클릭합니다.

14 ▶ 편집 화면에 리빙 아카이브의 춤 동작 영상이 삽입된 것을 확인할 수 있습니다. 영상은 잘 들어왔으므로 음악만 추가하면 됩니다.

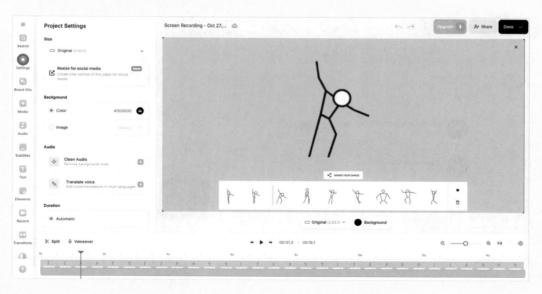

15 좌측 메뉴에서 오디오를 선택하면 기본 무료 음악을 확인할 수 있습니다. DANCE를 세부 검색하면 더욱 다양한 음악을 듣고 선택할 수 있습니다. 단, 번개 표시가 있는 음악은 유료입니다.

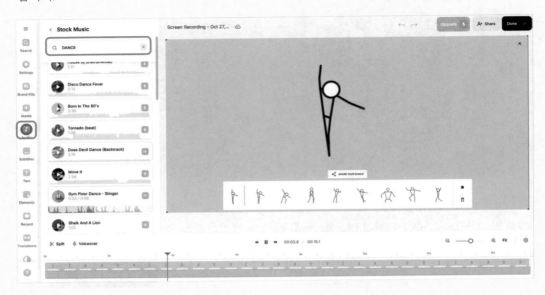

16 번개가 없고 [+] 표시가 있는 음악은 무료이므로 춤 동작에 어울리는 음악을 선택합니다.

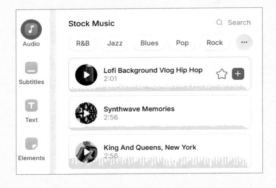

17 음악이 삽입되면 편집 화면 하단에 표시됩니다. 영상의 길이보다 음악의 길이가 더 긴 것을 확인할 수 있습니다. 영상을 선택한 뒤 마우스 오른쪽 버튼을 클릭하면 영상을 복사할 수 있습니다.

18▶ 복사한 영상을 영상이 끝나는 지점에 붙여넣기 하면 영상이 계속해서 반복되게 할 수 있습니다.

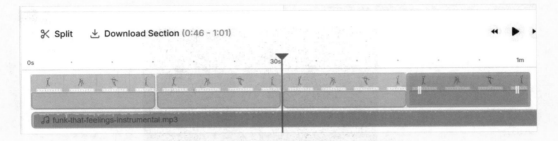

19▶ 소리를 줄이기 위해 영상 파트 아래에 있는 오디오 파트를 선택한 뒤 길이를 조절합니다. 뒤에서 앞으로 쭉 가져오면 길이가 줄어듭니다.

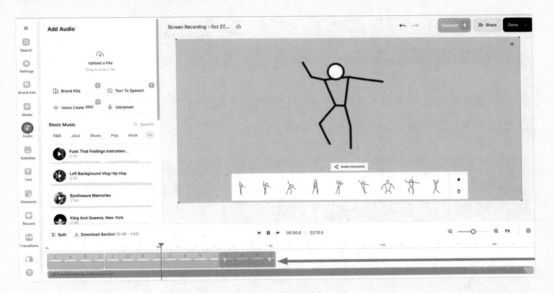

20 ▸ 영상과 소리의 길이를 비슷하게 했다면 우측 상단에 있는 [Done] 버튼을 눌러 비디오를 내보내기(Export Video)합니다.

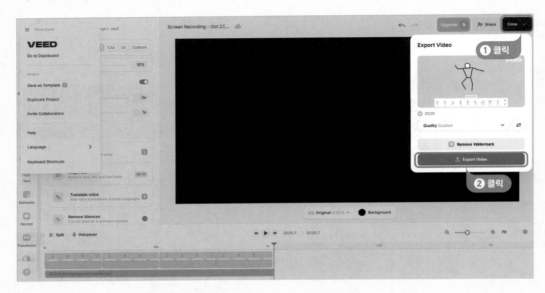

21 ▸ 완성된 영상을 다운로드 하거나 공유 링크를 복사합니다. 복사한 링크를 학급 홈페이지에 게시하거나 친구들에게 전송할 수 있습니다.

22 ▶ 카카오톡 등을 통해 공유 링크를 전송하면 예시처럼 뮤직 비디오를 함께 감상할 수 있습니다. 음악과 함께 플레이되는 춤 동작을 보면서 춤 연습을 해 봅니다.

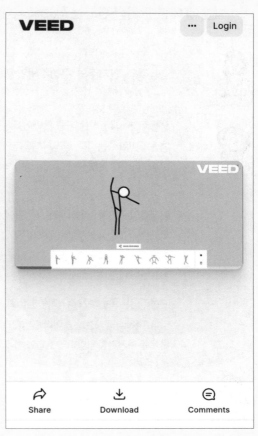

새로운 시대의 학습 이론

학습에 대한 관점의 변화는 학교 교육에 어떤 변화를 가지고 왔을까요?

행동주의, 인지주의, 구성주의와 같은 학습 이론은 교육에 어떤 영향을 미쳤나요?

행동주의에서 말하는 '학습'은 개인을 둘러싸고 있는 주변 환경으로부터 주어지는 외적 자극에 대한 행동의 변화로 봅니다. 따라서 행동주의는 반복, 강화, 처벌 등의 기술을 사용해 학습을 촉진하였으며 읽기, 쓰기, 기초 연산 능력과 같은 명확한 답이 존재하는 기초 기술을 가르치는데 효과적이었습니다.

인지주의는 아직 경험하지 못한 상황에 적절히 대처하는 행동은 외부 환경에서 필요한 정보를 능동적으로 수집하여 인지함으로써 이루어진다고 보는 학습 이론입니다. 따라서 인지주의에서는 학습자가 지식을 인지하고, 구성하고, 적용하는 방법에 대한 이해를 강조하였으며 인간의 학습 과정을 컴퓨터의 정보처리 과정과 유사하다고 보았습니다.

구성주의는 학습자가 적극적인 참여와 사회적 상호 작용을 통해 자신의 이해를 구성한다고 보았습니다. 따라서 교사는 실습이나 협업, 프로젝트 기반 학습 등을 통해 학생이 스스로 지식을 발견하도록 돕는 촉진자의 역할이 강조되었습니다.

디지털 전환 시대에는 어떤 학습 이론이 필요할까요?

디지털 전환 시대에도 행동주의, 인지주의, 구성주의와 같은 전통적인 학습 이론은 여전히 유효합니다. 하지만 디지털 기술이 제시하는 많은 도전 과제와 이를 해결하기 위해서는 전통적인 학습 이론 외에 시대의 변화를 반영한 학습 이론 또한 필요로 합니다. 특히 연결주의와 같은 학습 이론은 디지털로 연결된 세계의 요구 사항과 밀접하게 관계되어 있기 때문에 그 중요성이 높아졌습니다. 디지털 전환 시대는 그 어느 시대보다 복잡하고 융복합적인 문제가 많기 때문에 어떤 단일 이론으로 모든 학습 요구 사항을 해결할 수는 없습니다.

따라서 구성주의, 연결주의, 인지주의 등 새로운 프레임워크를 통합하는 혼합된 접근 방식이 필요합니다. 적극적이고 학생 중심적인 학습을 보장하는 구성주의와 다양한 디지털 콘텐츠를 인간 내면의 정신적 과정과 일치시켜 구조화하는 인지주의, 개인화된 적응형 교육을 위해 기술 네트워크를 적극 활용하는 연결주의를 통합하여 총체적이고 효과적인 학습 환경을 조성함으로써 오늘날의 복잡한 교육의 문제를 해결해 갈 필요가 있습니다.

Living Archive로 춤추는 교실

관련교과	시간	관련 학습 요소	디지털 리터러시				인공지능 리터러시			
			디지털 정보 리터러시	디지털 의사소통	디지털 창의성	디지털 안전	인공지능 이해	인공지능과의 상호작용	데이터 이해	인공지능의 사회적 영향
체육/실과	2차시		V	V	V		V	V		V

학습 주제	Living Archive를 활용해 나만의 춤 동작 만들기
2022 교육과정	[체육] [6체03-07] 현대 표현의 기본 동작을 다양하게 구성하여 발표하고 감상한다. [체육] [6체03-08] 다양한 표현 활동 유형을 수용하고, 움직임 표현의 아름다움을 추구한다. [실과] [6실04-02] 생활 속 디지털 기술의 중요성을 이해하고, 디지털 기기와 디지털 콘텐츠 저작 도구를 사용하여 발표 자료를 만들어 보면서 디지털 기기의 활용 능력을 기른다.
학습 도구	노트북 또는 태블릿, 필기구

교수·학습 활동 요약

동기 유발	• 웨인 맥그리거의 무용 영상 시청하기
학습 활동	<div>（학습 목표） **Living Archive를 활용해 나만의 춤 동작 만들기**</div> **활동 1) Living Archive의 사용 방법 알아보기** • 다양한 스틱맨을 활용해 만들고 싶은 춤 동작을 연결하고 플레이하는 방법을 알아봅시다. • 원하는 동작을 효율적으로 찾기 위해 인공지능의 포즈 찾기 기능을 활용해 봅시다. • 동작을 촬영하고 인공지능이 그 동작과 가장 유사한 동작을 찾아주면 이를 활용해 춤 동작을 만들어 봅시다. **활동 2) VEED를 활용해 춤 영상 만들기** • Living Archive에서 만든 춤 동작을 VEED를 활용해 뮤직 비디오로 만들어 봅시다. • 춤 영상을 업로드하고, 원하는 음악을 선택합니다. • 편집을 통해 뮤직 비디오를 완성합니다. **활동 3) 춤 연습 및 발표하기** • 완성한 뮤직 비디오를 활용해 춤 동작을 연습해 봅시다. • 자신이 완성한 뮤직 비디오를 틀고, 춤 동작을 춰 친구들 앞에서 자신의 춤을 발표해 봅시다. • (선택) 그룹으로 춤 동작을 만들고, 모둠별 발표를 해도 좋습니다. 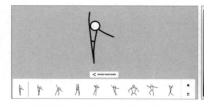 
학습 정리	• 오늘 배운 내용 정리하기
평가	• (산출물 평가) Living Archive와 VEED를 활용해 뮤직 비디오 영상 완성하기

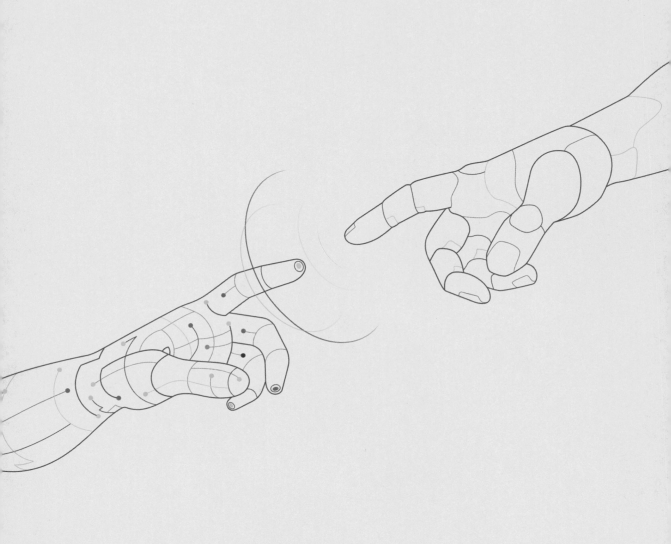